新説・太陽は万物の創造主である

―令和の弥勒菩薩が語る明るい未来と人類救済のための霊的進化論―

片山利信

人類は今、創造ではなく
破壊・破滅の道を歩んでいる？

鳥影社

新説・太陽は万物の創造主である　目次

――令和の弥勒菩薩が語る明るい未来と人類救済のための霊的進化論――

はじめに

タイトル通り、太陽は万物（地球、生物、太陽系）の創造主であり、三次元世界に存在する万物の起源は太陽である。太陽が地上に真実のメッセージをおろしてから22年が経過しようとしている。私の頭の中に刻み込まれた神の教えと人類や国連（国際連合）の未来のあり方を述べたのが本書である。前途多難の未知なる道を歩もうとしている私たちは果たして友愛、協調の世界へと国際社会を変革できるであろうか。

私は「令和の弥勒菩薩」と自称している日本国の平民の一人であり、弥勒菩薩の使命である「遠い未来にこの世に現れ衆生の教化救済」を果たすために、日々精進しているのであるが、ぜひともこの貴重な一冊をご一読願いたいと念じつつ書かせていただいた。本書を読んでいただければ、なぜこの書が衆生の教化救済するために書かれたのかということが納得いただけるであろう。神（太陽）の教えを考察し、誰にも知られず人間たちの霊を浄化し、地球人類を救済するという仕事に携わっている私であるが、弥勒菩薩としての使命が成就できればそれこそ本望である。いつの日か「終わりなき世のめでたさ」を実感できる時が来ることを願うばかりである。

「霊的進化」とは何かというと、私たち人類は宇宙においてどのような仕組みによって創造され、存在しているかを理解することであり、また創造主（神・太陽）と被創造物（太陽系、人類）の良好な関係を理解する時が到来したことを知るべきである。神は人間の心の中に存在していること、人間の心の根源は太陽の認識場の中にあることを理解し、神意にかなった社会を構築することなどが、私たち人類に課せられた使命であり、そのような「霊的進化」こそが第三のミレニアムに果たすべき最大の使命であろう。

全世界で異常気象が起こっているが、それは「大事の前の小事」である。大事とは何かというと、地球の消滅である。異常気象の原因である地球温暖化は、時限爆弾のようなもので、私たちは大量の二酸化炭素の排出をして時限爆弾の爆発（地球の消滅）に近づきつつある。詳しいことは本論にゆずるが、ぜひとも神の教えを大切に受け取り、ないがしろにすることのないようにお願いしたい。

本書を要約すれば、まず神の教えを述べ、国連が太陽を神として認め、国連が世界政府となり、全世界規模で国連の主導による貨幣制度廃止を行うべきだということを述べた。もし私がなぜこのようなことを提唱するのかと思われたり、どんな人がこのような文書を書いたのかと疑問を抱かれたら、付録1の「告白文」をご一読いただきたいと思う。国連が先導役を担って地球を破滅から救い出すべきである。そのためには国連は世界新政府となり、地球の運営に責任をもつべきではなかろうかと思われる。まずは、神の教えを理解していただきたい。その上で、太陽を神として認め、貨幣制度を廃止し、武器製造の禁止などを行っていくべきであろう。詳しいことは本書をご一読いただきたい。これ以後は国連が世界の注目を浴びるであろう。

なお本書は、信者獲得、勧誘のための宗教書ではなく、哲学的科学書、科学的哲学書ともいうべきもので、めざしているのは国連に太陽を神と認めていただくことで、そのために自費出版したものである。

梗概

第1篇について

ほとんどの人はご存じないかもしれないが、地球、人類、および太陽系の創造主は太陽である。なぜこのようなことを私が知っているかというと、太陽が日本のある女性に送ったメッセージ（文献）を入手したからである。それを私なりに理解した「神の教え」を述べたものが本書の第1篇である。

観測不可能な（目に見えない）仕組みによってこの世（三次元世界、物質世界、太陽系）は成り立っている。そしてすべての物質の正体は光である。つまり光を用いて太陽は物質をつくっている。これを光合成という。光を合成して物質をつくっているからである。5段階の太陽光と銀河系の見えない光10種類が掛け合わされて50個の光ができる。これが日本語五十音のもとであり、それはまた物質のもとでもある。太陽によって地球はつくられたが、こわれてしまう可能性もある。たとえば、CO_2の増加（過度な経済活動）によって光合成が阻害されて、地球の破滅へと至る可能性がある。

第2篇について

これ以上のCO_2の増加を防止するのに必要となるであろう貨幣制度の廃止については第2篇で述べた。私は多くの社会的、経済的および環境問題は貨幣制度の廃止によってある程度、解決されうると考えている。無償で働き、無料で買い物をして、お金を介在させずに活動できる社会を構築するべきである。それと同時に貨幣制度によって促進される過度の経済活動は抑制されるべきである。今や地球温暖化は喫緊の課題である。現在の地球と人類にとって必要なのは、国益や企業間の利益獲得の競争や対立ではなく、人々の心身のリラクゼーションである。

第3篇について

第3篇では、国連が果たすべき3つの使命、すなわち、（1）太陽を神と認める、（2）世界政府となること、（3）地球規模で行う貨幣制度の廃止、について述べた。国連は世界の新政府となるべきである。そうすることで、地球規模の諸問題の解決を計るべきであろう。G7サミットで各国のリーダーの話し合いだけではもはや種々の問題の解決は難しいであろう。この状況を打破するには国連新政府の創設は必至のものとなるであろう。その際の必須の条件は、国連が太陽を神と認めることである。それ以外に地球の消滅から救い出す方法はないであろう。気候変動、異常気象は目に見えない仕組みが壊れかけていますよというサインである。各国のリーダーが集まって話し合っても地球規模の危機管理によって地球の運営を図っていく以外に地球存続を可能とする手段はないと思われるが、いかがであろうか。

第4篇について

第4篇では、宗教の果たしてきた役割、使命が終わりに至ったことについて述べた。聖書や『コーラン』で言及されている最後の審判、天国、地獄、永遠の生命は存在しない。なぜなら今回の太陽のメッセージではそれについて何も言及されていないからである。

太陽によれば、今回地球にもたらされたメッセージは宗教としてではなく、科学として取り扱うべきものだということである。神が天地創造をしたと『旧約聖書』に書かれているが、それは太陽系の創造を意味するものであって、宇宙全体や銀河系をつくったということではない。はっきりしておきたいのは、銀河系における時空間と太陽系の時空間は異なっているということだ。太陽系では物質が物質として存在できるが、銀河系の時空間では、三次元世界（太陽系、この世）における多種多様な物質（元素）のように存在できないのである。現在の宇宙物理学では、宇宙全体は一様な時空間であると想定されているが、それは間違っている。本書では全編にわたって驚くべき内容が展開されているが、それだけの意味があって述べたものである。もしよければ、ご一読していただきたい。そして太陽の愛に満ちたサポート（本文参照）によって生かされていることに幸せを感じてほしいものである。

第5篇について

第5篇では、国連新政府を構築する上で必要となる憲法を提示させていただいた。絶対にこうでなければならないものとは言わないが、よりよい憲法作成の上での叩き台となれば幸いである。国連が太陽を神と認め、地球規模の世界政府の構築が手遅れにならないことを祈って、世界新政府運営のもととなる新憲法の作成に着手していただきたい。

はじめに　2
梗概　4

第1篇　神の教え

1　序・「転ばぬ先の杖」　20
2　これまでの人類の歩み　21
3　死後の世界はない　21
4　神の復活　22
5　神の正体は太陽、物質の正体は光　22
6　発展途上のサル　23
7　新しい科学　24
8　銀河系と太陽系とはどのような存在か？　26
9　お断り　27
10　言葉のもと、物質のもとの50個の光　28
11　太陽による万物創造　29

12 時空間と人類はすべて太陽とつながっている 30
13 万民は神の子 31
14 原子は霊（原子の仕組み） 32
15 認識場（心の仕組み） 33
16 負の科学 34
17 生物の進化 35
18 線虫の脳（神経環） 35
19 ヒトの脳 36
20 太陽系・銀河系の起源 37
21 初めに言（ことば）があった 38
22 神のサポート 39
23 色即是空とは何か？ 41
24 しあわせと平和 42
25 心を磨く言霊学（言葉の仕組み） 43
26 神は心の中に住む 44
27 心の進化 45
28 理想 46

29 日本、平和に貢献する国 47
30 光合成の弱点 48
31 科学の役割 49
32 旧約を果たす太陽 50
33 ４つの疑問点と「負の科学」による「脳」と「心」の考察 52
34 太陽の光合成 54
35 死にゆく海 57
36 神が創造した自然の仕組み 60
37 創造と破壊 62
38 霊的進化 65
39 すべてのものは無から生じている 67
40 愛の認識場 69
41 自然の営為 71
42 物の考え方によって社会は変わる 74
43 地上の太陽・核融合 77
44 無償の愛の世界 80

第2篇　貨幣制度廃止論

1　私たちはお金の鎖から解放されるべきである　87
2　社会貢献　88
3　お金は本当に人間の存在にとって必要か？　89
4　精神的成長　90
5　なぜ貨幣制度は廃止されるべきか？　90
6　探し物は何ですか？　91
7　ＳＤＧｓに足りない物　92
8　お金もうけの競争による環境破壊　93
9　お金がないと何もできないというのは残念なことである　94
10　私たちはお金のための開発や経済活動をすべきではない　95
11　自費出版するための費用の捻出について　96
12　個人レベル、国家レベルの社会貢献　97
13　いかに生きるか？　98
14　国益のぶつかりあい　99
15　国際的競争は国際的協力に転換されるべきである　99

16 お金もちはお金を着ているように見える 100
17 高齢化社会における減少する出生率 101
18 家事 102
19 貨幣制度廃止と消滅する会社およびギャンブル 103
20 貨幣制度廃止のプロセス 103
21 貨幣制度廃止と労働の意義 105
22 マルクス・エンゲルス主義と貨幣制度廃止論 106
23 3つの選択肢 107
24 脱貨幣制度 108
25 新たなる社会貢献 111
26 高次元は心の世界 114
27 幸せ実現 118
28 持続可能な光合成 119
29 貨幣制度へのレクイエム 121
30 お金の正体 124
31 賃金労働の廃止 128

第3篇　世界の主役・国連（国連進化論）

1　国連の存在意義と理想とは何か？　130
2　国連創設の理由　131
3　平和の樹立　131
4　新しい時代は国連の進化とともにやってくる　132
5　精神文明　133
6　三大ミレニアム計画の実践と順序　134
7　国連は貨幣制度を廃止すべきである　135
8　国連は世界の警察の役割を果たすべきである　136
9　最後の闘い　137
10　国連の活動の発信　137
11　国連は太陽を神として認めるべきである　138
12　大国のエゴに終止符を　139
13　国連加盟諸国はお互いにどのような関係を築くべきか？　140
14　国連加盟諸国と国連はどのような関係にあるべきか？　140
15　国連加盟諸国はどのような哲学をもつべきか？　141

16 国連加盟諸国はいかなる理想を追い求めるべきか？ 141
17 国連加盟諸国はどのようにして三大ミレニアム計画を達成すべきか？ 142
18 国連加盟諸国はどのようにして地球の破滅から脱するべきか？ 143
19 地球破滅の危機のさなかにあって最終的な最高責任者は誰であるべきか？ 144
20 国連は世界政府となる 145
21 ＳＤＧｓについて 147
22 国連による新たなる社会構築 151
23 軍備撤廃による脱軍事的脅威 153
24 太陽と人類の無償の愛 156

第4篇　宗教との訣別

1 宗教との訣別についての結論 159
2 宗教とは何か？ 159
3 宗教の使命と役割 160
4 『創世記』第1章から第3章の謎 161
5 人類の誕生について 161

6 言葉の発生およびその起源 162
7 ノアの箱舟 163
8 『出エジプト記』の奇跡 163
9 偶像崇拝 164
10 神の言葉の成就〈その1、ダビデとソロモン〉 165
11 神の言葉の成就〈その2、バビロンの捕囚〉 166
12 現代から見た古代ユダヤ教 167
13 キリスト教の謎、神秘および奇跡 169
14 『コーラン』とアッラーの神 170
15 ラエリアン・ムーブメント 172
16 エロヒムのメッセージ 173
17 来世の有無と宗教（神）の嘘、偽り 174
18 迷える子羊（無知との訣別） 176
19 天国、地獄、最後の審判の言及のない神の新しいメッセージ 177
20 自立した人類とは？ 177
21 新たな信仰と愛の実践 178
22 人間とは何ぞや 180

第5篇　国連新政府の憲法（試案）

前文1　国連新政府の樹立について　183
前文2　理想、しあわせ、社会貢献について　183
前文3　第3ミレニアム時代の法について　184
第1章　神、太陽　184
第2章　平和の樹立　185
第3章　貨幣制度の廃止　185
第4章　石油の消費量の制限　186
第5章　兵器製造、所有、使用の禁止　186
第6章　軍備撤廃　187
第7章　安全保障理事会の廃止　187
第8章　世界の諸問題解決策の遂行　187
第9章　世界人民の権利　189
第10章　総会　189
第11章　国連新政府　190

第12章　国際司法裁判所　192
第13章　国連軍　193
第14章　改正　193
第15章　最高法規　194
第16章　付則　194

付録

付録1　告白文
1　コンプレックス　195
2　文学への没頭と人生の困苦　196
3　自衛隊　197
4　ラエリアン・ムーブメント　197
5　超感覚と羽生（はにゅう）での暮らし　198
6　岩音鳴りて　200
7　三次元（時空間）存続のための手伝い　202

付録2　短歌1　101首

1　神の復活　205
2　発展途上のサル　205
3　新しい科学　206
4　目に見えない仕組み　206
5　光と光合成　207
6　銀河系と太陽　207
7　原子の仕組み　208
8　認識場　208
9　しあわせと平和　209
10　言霊学　210
11　理想　210
12　平和に貢献する国・日本　211
13　ありがたき神　211
14　光合成の弱点　212

付録3　短歌2　23首

1　春　213
2　夏　213
3　秋　214
4　冬　214
5　その他　214

第1篇　神の教え

1　序・「転ばぬ先の杖」

無知な時代は終わりにすべきだ。そのためには神によって22年前に明らかにされた人類へのメッセージを理解しなければならない。それによって無知な時代から脱することができる。今こそ人類の進化が必要である。人類の進化とは、霊的な進化のことである。失敗は許されない。失敗とは、霊的進化を果たせないことである。この書が書かれたのは、失敗を回避する「転ばぬ先の杖」が必要であるからに他ならない。私は人類が無事に進化して（無知な時代を脱出して）、新時代を築き、平和な未来を切り開くことを願っている。分断された世界は果たして一体となって平和を得られるであろうか。私たちは劇的な大変化の時代に生きており、それに対して適応できなければ、私たちを待ち受けているのは、滅亡である。神とは太陽であるということに対して無知であれば、人類は太陽が望んでいる霊的進化を果たすことができず、滅亡への道を歩むであろう。

２　これまでの人類の歩み

この第1篇では、神の教えを紹介したいと思うが、その前にこれまでの人類の歩みを考えてみたい。いろいろな分野で発明発見があり、人類は学問、芸術、文化などを発達させてきた。宗教が生まれ、貨幣経済を発達させ、戦争が繰り返されてきた。ここで問題となるのは、人類は神について何も理解していなかったことである。なぜなら神は自己の正体について何も語らなかったからである。もし神がそれを説明したとしても当時の科学知識では理解できなかったにちがいない。現代においても、神の正体と神のなしたわざは理解されていない。自分の正体を明かす時が来て、太陽はやる気になっているのであろうか。

３　死後の世界はない

ダンテは『神曲』を書いて、死後の世界を地獄、浄火、天堂の３つに分けたが、実際には死後の世界というものはない。死んだらただ魂が太陽（神）によって回収されるだけである。科学の進歩によって現代ではもう死に対する恐怖を抱いている人はほとんどいないであろう。これ以後は第四篇『宗教との訣別』で述べるように実際にはあり得ない天国や地獄といった言及によって人々を信仰へと赴かせるような方法ではなく、科学として神の教えを人類に与えて人類自らが新たな負の科学（目に見えない仕組み）を理解することで、平和な国際社会の構築をめざすというのが、神の願いではなかろうか。

4　神の復活

長きにわたって死んだふりをしていた神がついに復活した。神は自らを太陽であることを明かし、人類にメッセージを託した。神の教えは社会について考える際の基本となるもので、現代の科学では欠落している目に見えない仕組みについて書かれたものである。なぜ神は復活したのか？　なぜならば、正しい考え方を学ぶ手助けをして破滅を回避するためである。今や神は存在するかしないかを論じている場合ではない。神は自らを太陽であると言った。それゆえ平和の道を歩む以外に道はない。私たちがもし平和を求めず、戦争をしたり、神の心を理解しようとしなければ太陽は太陽系の運営に嫌気がさし、地球の歴史にピリオドをうつかもしれない。しかし、そうはならないであろう。なぜなら、神の情報を理解し、社会の再建に努める時が来たからである。私たちはそうする以外に道はない。

5　神の正体は太陽、物質の正体は光

一言でいえば、神の正体は太陽である。神はある一人の日本女性にメッセージを託した。私は彼女から神が託したメッセージ（文献）を入手して、ある程度、理解するのに2年ほどの月日を要した。その間、私は神から強いエネルギーを受けてひどい目にあった。強いエネルギーは耐え

難いほど不快なもので、いろいろと警察沙汰になるようなことをしでかし、精神病院に送られた。数ヵ月で退院したが、また数ヵ月後、再入院した。そして援護寮に入り、現在はアパートを借りて、そこから援護寮に通っている。２０００年に神からのメッセージを得て22年になる。神からのメッセージを知る少し前には、私は物質の正体は光ではないかという直観を得た。大理石が太陽光を浴びて反射しているのを見て、そう思った。光は太陽から発せられているのだから、物質（人間を含めて）と太陽には密接な関係があると思った。当時は『マトリックス』という映画がヒットしており、私は数回その映画を観て、人間とは何かを考え続けた。その疑問に答えるかのように、私は神からのメッセージを得た。神から届けられたメッセージで神は太陽であることを知った。神（太陽）は光によって万物を創造した。つまり物質の正体は光である。

6　発展途上のサル

私たち人類はテクノロジーの進歩によって種々様々なものをつくり、物質文明に酔いしれているが、問題もある。最悪なのが地球温暖化、自然の破壊である（目に見えない仕組みも自然の一つである）。地球温暖化は進行し、気候変動によって様々なダメージをこうむっている。こうした状況において私たちはこれからどこへ向かって行くのか？　私たちは明確なガイドラインを有していない。私たちがどこから来て、どこへ行くのかを明らかに答えられない。今後、私たちは宇宙、心、言葉、時空間および目に見えない仕組みを学ぶ必要がある。もし私たちが目に見えない仕組みを理解しなければ、地球の破滅は現実のものとなる。何という愚かなことであるか。私たちは知恵を結集し、地球を居心地のよい惑星とすることが求められている。私たちは私たちがどんな存在であるかをいまだ理解しておらず、私たちは発展途上のサルであることを知るべきである。神が正体を明かし、情報をもたらしたことを考えて、新しい文明を築こうではないか。

大量のエネルギー消費を必要とする現代の文明社会は自壊するであろう。懸念すべきことは、米中の二大国が現在もなお大量に二酸化炭素を排出し続けていることである。新しい文明とは、軍備撤廃をして徹底した省エネ化が実現された社会である。神は太陽であることを認め、正しい宇宙モデルを理解し、それをベースとした文明社会を築くことが私たち人類に求められていると言えよう。

7　新しい科学

これ以後、私たちは太陽がいかなるものであるかを知る必要がある。それは私たちが正しい道を歩み、平和を築き、破滅を回避するためである。私たちは太陽のことを神として理解している科学者が必要である。先述したように神とは太陽である。太陽の実体は点（天）である。すべてはそこから始まったのである。それを知ることが今後の新しい科学である。目に見えない仕組みを知る科学であり、神の目から見た科学である。

現在の科学的手法ではいつまでたっても目に見えない仕組みは発見されない。これからの科学は負の科学が求められている。現在の科学的手法では証明されたものしか事実と認められない。それゆえ太陽は自らを神であることを告げてまでして、真の宇宙モデルを公表したのである。科学とは何ぞや、ということが問われている。負の科学、すなわち目に見えない宇宙や人間、心、言葉の仕組みを知る科学が私たちが直面している新しい科学である。

テクノロジーはますます進歩しているが、私たちは何ゆえに存在し、何ゆえに神が私たちをつくったのかは明らかにされていない。科学の進むべき方向は必ずしも明らかにされていない。脳が、いかにしてものごとを蓄えているのかも明らかではない。そんな私たちに神は新しい科学を手渡した。それには新たな宇宙モデルが含まれている。これによって科学は新たな局面を迎えることになる。

ところで、言葉とは何か？　誰が言葉を発明したのであろうか？　言葉とは神から人類に託された宝物である。私たちは何のために言葉を使っているのであろうか？　科学は進歩しているにもかかわらず私たちは言葉とは何かをまだ理解していない。心とは何か？　これもまた難しい質問である。現代科学はいまだ物質、言葉、心、時空間の正体を明らかにしていない。太陽が手渡す情報以外に正しい答えはないのである。

8　銀河系と太陽系とはどのような存在か？

私は、アインシュタインの一般相対性理論もリーマン幾何学もわからない理数系の門外漢であるが、物事を考える順番から言えば、まず太陽系のなりたちを解明するのが先だと思う。太陽によって銀河系の中に太陽系（三次元世界）がつくられた。つまり物質が物質として存在する世界である。太陽系には銀河系とは異なる時間と空間がワンセットになって存在している。この世の三次元世界は銀河系の枝の先に咲いた花のようなものだと太陽は言っている。そしてそれは壊れる可能性もある。地球は太陽がつくった芸術作品であるが、銀河系に目を転ずると、太陽系とちがってそれは異次元の世界である。ボイジャー2号機が太陽圏外へと飛び越えたそうであるが、太陽圏外がどのような環境の世界であるか、また太陽圏外に出たことによって太陽電池がいつまでもつのかというのは、大いに興味のある問題である。また銀河系の中心には巨大ブラックホールが存在し、全質量の約74パーセントが暗黒エネルギー、約22パーセントが暗黒物質によって占められているらしいことがわかっている。太陽は母音（女性ホルモン）を提供し、銀河系は子音を提供し、また無数の情報波（物質になる以前の情報波）が充満している世界である。銀河系の中心ではブラックホールが存在していると確実視されていたが、ついに撮像に成功した。だとすればブラックホールが無数の星々を創成したのであろうか？　この疑問に対する答えはしばらくは得られないであろう。

９　お断り

前章段について断っておきたいことがある。本来ならば、太陽の文献にある言葉である「地球は四次元の枝の先に咲いた花のようなものである」の四次元という言葉は一般的に三次元プラス時間を加えた世界であると解釈されており、太陽の言わんとする四次元の世界とはずれがあるためあえて四次元を銀河系と書き改めた。また四次元を何と定義すればいいのかがわからなかったためでもある。過ちを恐れずに強引に定義するとすれば、「質量のない、目に見えない無の世界」ということになるだろうか。この無の世界の中に言葉のもと、物質のもと、種々雑多なイデアのもとが充満し、飛び交っている世界でもある。銀河系の星々はそれらの情報波を吸収し、太陽が情報処理しやすいように情報波を（太陽の五段階の光と結合しやすいように）加工処理をしているものと思われる。だとすると、四次元と表記するのも銀河系と表記するのも、たいした違いはないと思われるが、とりあえずは、一言断っておくべきだと思われる。おそらくは、四次元↓銀河系↓太陽へと情報波（光）が送られて、私たちの存在をあらしめているのであろう。私たちの脳には金星の光が与えられているそうであり、もしかすると、その他の太陽系の惑星の光も私たちの脳に供給されているかもしれないが、そこにどのような情報が含まれているかはわからない。

このように私は宇宙を解釈しているが、もしかするとまちがっているかもしれない。読者のみなさんにも星の光によって活動していることについて考えていただきたい。現在のところは、宇宙や星について物理的な方面ばかりに研究が進んでいるが、星々がどのような役割を担っているのかという根源的な問いかけを開始する時が来ているのではなかろうか。つまりは負の科学を学ぶ時が来たということである。宇宙を見ていると、すべては私たちの三次元世界にすべての生物（人間を含む）が存在し、活動するのをサポートするために宇宙は存在しているように思われないだろうか。星とはもろもろの情報波を加工処理するものであると言ってもいいだろう。

10　言葉のもと、物質のもとの50個の光

銀河系にある10種類の光と5段階の太陽光がかけあわされると50個の光ができる。これが日本語五十音のもと、物質のもととなる。水素原子核には光を受け取る2つのレセプターがあり、プロトンが太陽光、中間子パイが銀河系の光を受け取って、それによって物質ができあがる。すべての原子、宇宙、言葉、心には目に見えない仕組みがあって、その仕組みによって統合されている。目には見えないが、三次元世界のすべての物質は太陽につながっており、太陽から送られてくるエネルギーをうけて存在しているのである。人間の心は太陽とつながっている。人間の原子（霊）の脳は目に見えない仕組みによって太陽と結ばれている。それらは時間の波、粒子に乗せられて存在している。太陽を通して太陽系と銀河系の星々のエネルギーが送られてくる。

いくら科学者が利口でも真の宇宙モデルは思いつけない。なぜなら観測したり発見したりでき

ないからである。それゆえ太陽は目に見えない仕組みを明らかにしたのである。問題なのは、目に見えない仕組みは現代科学でいうところの科学的証明はできないということである。ひらめきのみが目に見えない仕組みを理解せしめるということである。

11　太陽による万物創造

三次元世界の万物は、目に見えない5段階の太陽光と銀河系に充満している無限の光または10段階の光によってつくられている。これら10段階の光と5段階の太陽の目に見えない光がかけあわされて50個の光ができる（すなわち光合成されて50個の物質となる。しかしそれ以上詳しいことや、どんな物質ができるのかはわからない）。これらを組み合わせることによって太陽は霊を通して種々の物質をつくる。これを光合成という。なぜなら光の合成によってできるからである。大まかにいうと、すべての存在しているものは（時空間も含めて）光合成の結果、存在化する。人間の考えもパッとひらめいた瞬間に光合成された結果である。

太陽がなければ何も存在しないし、初めは時空間がない銀河系のみの世界であった。太陽は平和のある時空間を欲した。そして太陽はある点から光を放出して輝いた。やがて太陽系（三次元世界）を光合成によって創造し、木、植物、鳥、動物そして最後に人間をつくった。これらの創造は太陽の言葉「光よあれ、生命よあれ」により始まった。私たちがしゃべることができるのも光合成された結果である。太陽が喉に光をあてると私たちは口が利けるようになる。物質に限らず、すべてのものの正体は光である。物質しかり、言葉しかり、心しかりである。目に見えない光が光合成されると言葉、物質などへと存在化する。光合成という言葉は三次元世界で物質化、つまり認知されるものをあらしめることを指している言葉である。

天地創造、生命創造は太陽によって行われたものである。海や大陸やプレートも太陽が光合成をしてつくったもので、どのようにして大陸などが形成されるのかはわからないが、万能の神のなせるわざとして感嘆する他はない。また地球は海によっておおわれた星であるが、海洋生物をふくめて海というのはすばらしい造形物である。太陽とはまさに魔法使いである。サンゴ礁などは海の芸術作品であるが、人間が引き起こしている地球温暖化によって死滅の憂き目にあっている。今こそ文明転換の時である。

12 時空間と人類はすべて太陽とつながっている

これまで哲学者たちは存在と時間について考察してきたが、答えは神の説明によってなされ、理解されるだろう。時間と空間はワンセットで、時間がなければ空間はない。時間は太陽から放出されるので、空間が形成されている。時空間は太陽が創造しているのである。すべてのものが太陽とつながっている。人間も同様である。人間と神（太陽）は霊魂によって結ばれている。地球上に存在する全人類、すべての人は神と結ばれている。それゆえ人間は神のサポートを得て、行動ができるのである。笑ったり、怒ったり、歩いたり、走ったり、すべての行動は神とのつながりによって可能となるのである。話す時には太陽がのどに光を当てることによって話すことができるのである。もちろん、ものを考える時にも神は人間の思考活動をサポートしている。極悪非道の独裁者であってもサポートを受けているのである。そして死ぬ時は神が霊魂を回収するのである。

13　万民は神の子

人間はどこから来て、いかにして人間となるのか？　人間は天から霊魂をいただき、神の子として生まれる。人間は50の光（光合成によってなる50個の物質）によってつくられている。それゆえ私たち人類はみな神の子である。私たちは三次元世界で一人ずつ個体として生きているが、もとをたどると太陽にゆきつく。私たちはみな太陽の中心点から生まれた。それゆえすべての国と人々は神の子として平和とお互いの幸せの哲学をもつべきである。

なぜ私たち人間は一人一人みな違うのか？　十人十色という言葉があるが、なぜ同じ人がいないのか？　双子であっても顔は同じであるのに、考え方などがちがっているのはなぜだろうか？　神は一人一人違う人をつくっている。それは受精の瞬間に霊が感じたことがその人の個性を形作るからであると思われる。一人として同じ人間がいないということは私たちにお互い各自の個性を愛することの重要性を物語っているのではなかろうか？

私たちは神の子の名にふさわしい存在でなければならない。何ごともほどほど意識をもつ必要がある。その点で経済活動について再考すべきである。これについては第2篇、貨幣制度廃止論にゆずるが、私たちに必要なのは、生活の中においてどのような活動をどのように行うのかみなが考えることである。

14　原子は霊（原子の仕組み）

人間は目に見えない霊によって直接太陽とつながっており、私たちの正体は水素原子核という原子（霊）であり、太陽光を受け取るプロトンと銀河系から送られてくる情報波（光）を受け取る中間子安全パイを有しており、それぞれ太陽側と三次元側で左スピンおよび右スピンをしている。そして死ぬまでスピンし続ける。

ところでなぜ人間は年をとり、死ぬのか？　私見では、霊は永遠にスピンできないからである。ゆえに有限のライフスパンしかもつことができないのである。太陽は原子がしあわせを感じられなくなると霊（生命）を回収する。テロメアなるものが細胞の中にあって細胞分裂の回数をコントロールしていて、テロメアがたくさんあればたくさん細胞分裂ができて長生きできるのではないのかという考え方があるが、それは疑問である。なぜなら原子（霊）そのものに寿命があると思われるからである。霊の働きこそが人間の生命現象をメインにつかさどっていると思われる。

原子の実体は霊であるが、それが今のままの状態で続くのか、それとも進化したものとなるかによって私たちの寿命は決まるであろう。しかしそれは神が決めることであろう。

15　認識場（心の仕組み）

太陽の中心点は高次元の世界で心の世界でもある。太陽には認識場があり、これが人間の認識のもとであり、種々の印象や思考が人間の心に生まれ出るのは、人間の脳が太陽の認識場と結合されていることを物語っている。人間は銀河系の光と太陽光を脳に受けて考えたり行動したりすることができる。太陽の中心点と地球上のすべての人類の脳（霊）は結ばれていて、人間は太陽の認識場を利用しているおかげで互いに話し合ったり、笑ったり、喧嘩したり、殺しあったりしているのである。今、この文章を読んでいる読者の方も読むことができるのは太陽の認識場（中心点）を利用しているおかげであり、人間の認識や意識の本体は太陽の認識場であることを肝に銘じていただきたい。人に知られずに悪事をなす人もこのことを銘記されたい。神は誰がいつどこで何をしているかわかっているのであるから。

注意しなければならないのは、銀河系の情報波（エネルギー）を受け取っているために、なかには有害な情報波が入ってきてそれに操られることがあるということである。そうなれば、もはや人間とはいえないような行為をすることもありえる。人間は太陽光から良性のエネルギー（光）を受け取っているので、それによって心をコントロールすることが肝要である。

16　負の科学

負の科学とは何ぞや？　聞きなれない言葉であろうが、銀河系や太陽系（高次元）の世界がどのように三次元世界（太陽系）をあらしめているのかを学ぶ科学である。生物学、物理学、神学、宇宙物理学の理解に欠かせない科学である。すべてのものは霊によって太陽系と銀河系とにつながっている。すべての原子は霊であり、銀河系の光と太陽光を受け取る2つのレセプターをもっている。このレセプターによって、言葉のもと、物質のもとが受け取られ、太陽によって存在化（光合成）されている。銀河系に存在するであろう無数の光は太陽の光合成の材料となっている。そのおかげで太陽系や物質、生き物などが存在できるのである。ここではっきりさせておかなければならないのは、太陽系の時間と空間は銀河系の時間と空間とは異なったものであるということである。すなわち、太陽、神は太陽系をつくったのであって、宇宙全体、銀河系をつくったのではない。太陽系において時間がどこからくるのかというと、それは太陽からである。時間がなければ空間は存在し得ない。銀河系における時間と空間がどのようなものかは想像できないほど難解な問題である。また人間が有している意識や認識能力は太陽から与えられているものであり、すべての生き物は太陽から意識を与えられて、五感を働かせ、生きているのである。これらのことを学んだ上で、私たちは新たに与えられた神からの教えと知恵によって社会を立て直す義務を負うこととなったのである。

17　生物の進化

私は生物学の専門科学者ではないが、わかっている範囲内で生物の脳について考察し、推論しようと思う。まずは簡単に生命について述べよう。すべての生命体は油性の膜をもつ細胞体である。そして細胞内で物理的運動（有糸分裂や染色体の凝縮等々）や化学反応（物質代謝）を行っている。これらの運動や反応は神、太陽がかかわっていると思われる。なぜなら生命体のすべての原子は霊を通して太陽とつながっているからである。霊は目に見えない（形がない）が、細胞体と太陽をつなげている。細胞体は生命エネルギーを太陽から受け取っている。地上における（地上そのものも）すべての気体、物質、生命は自然に発生したものではなく、太陽がつくりだしたものである。生命の進化も自然に行われたのではなく、太陽によって進化がもたらされたのである。

18　線虫の脳（神経環）

では線虫（C・エレガンス）を例として話そう。線虫は302個の神経細胞を有している。神経系の中枢である神経環（脳に相当）は200個前後の神経細胞から成り立っている。神経環はあらゆる感覚ニューロンからの信号を受け取り、餌である細菌を探し求めて動きまわっている。神経環のニューロンにはあらゆる活動が記録されているものと思われる。もちろん、太陽とつながっていて、意識や認識が与えられている。太陽の認識場からの意識（エネルギー）が神経環の中に生じなければ神経環は作動しない。神経環は太陽によって動かされているのであり、自然に活動するというようなことはない。それにしてもニューロンというのは何とも奇妙な活動や体験の記録体であろうか。はたして線虫は生まれてから死ぬまで眠らずに目覚めたままであろうか。また哺乳類はCREBタンパク質やCBPの結合体の遺伝子の発現を引き起こしているが、線虫にもそれらしきものがあり、記憶や学習をしているようである。しかし線虫はどちらかというと、記憶や学習の研究には向いていないかもしれない。個人的には私は線虫が好きなので、CREBとCBP結合体が発現するタンパク質に興味があるので、線虫を使っての研究でぜひ解明してほしいと思っている。

19　ヒトの脳

次にヒトについて述べよう。ヒトには2つの状態がある。眠っている状態と起きている状態である。この切り換えは体内時計で行われている。脳の視交叉上核に体内時計の中心がある。目覚めている時はオレキシンという覚醒物質が分泌され、就寝前にはメラトニンが分泌される。目覚めている時は交感神経が活発になり、眠っている時は副交感神経が活発になる。これらはすべて脳の指令によって行われており、太陽によって作動しているものと思われる。唐突であるが、なぜ脳波は発生しているのだろうか？　それは太陽がエネルギーを与えているからであろう。太陽はすべてのものを作り出しており、すべてのものは太陽の知恵の結晶である。脳の謎の解明にいそしむのもいいが、太陽の知恵の結晶である脳がなぜ神から人間に与えられたかを考えることこそ何よりも大切なことではなかろうか？　脳は体のすべてをコントロールしているが、それを可能ならしめているのは太陽であることを認識することこそ脳のメカニズム解明には大切なことであろう。なぜなら認識能力も太陽から与えられているからである。

20　太陽系・銀河系の起源

太陽系のすべてのものの起源は太陽であると思われる。銀河系のすべての起源はブラックホールかもしれない。銀河系のすべての光は太陽が受け取り、三次元に放出しているのだろうと思われる。こうすることで三次元に物質は存在し、人間はもろもろの活動ができ、認識し、自らの行動を認知することができるのだと思われる。また太陽系の存在物、人間の活動は太陽を通して銀河系の光（情報波）によって行われ、星々は太陽系と結合しやすいように加工されているのかもしれない。そうでもないかもしれないが、詳しいことは今のところわかっていない。

これからの科学は負の科学をめざすべきであり、銀河系、太陽系の星々が行っている目に見えない活動、すなわち認識活動を供給していることを知るべきである。問題は太陽系の惑星の存在である。何のためにこれらの惑星が存在しているのか正直に言ってよくわからない。太陽は銀河系から情報を受け取り、太陽系の星々、生物に情報波（エネルギー）を供給して三次元をあらしめているが、その中にどんな情報が含まれているのかはわからない。

21　初めに言（ことば）があった

『ヨハネの福音書』の冒頭に次の言葉が置かれている。「初めに言（ことば）があった。言は神と共にあった。言は神であった。この言は初めに神と共にあった。すべてのものは、これによってできた。できたもののうち、一つとしてこれによらないものはなかった。この言に命があった。そしてこの命は人の光であった。光はやみの中に輝いている。そして、やみはこれに勝たなかった。」この文章について解釈を試みたい。「初めに言があった。言は神と共にあった。すべてのものは、これによってできた。」というのは、太陽が光合成（太陽の5段階の光と銀河系の10段階の光とをかけあわせて音をつくり、物質をつくる、または時空間をつくる）を行い、それによってすべてのものをつくったということを意味しているのであろう。「言に命があった」というのは、すべての生命体が有する霊を通して神の言が運ばれ、それによって神の言が生命活動を行わせているということであろう。人間の生命の始まりは受精卵である。神はこの受精卵にどんどんと言葉（50個の光、物質のもと）を放って光合成を行ったという意味であろうが、骨、肉、神経、脳、血管、歯、舌、眼、耳、鼻、五臓六腑、髪の毛、すべては言葉によって光合成されてつくられるということであり、種々のイオンが人体につくられ、細胞では物質代謝や物理的運動が行われているということであろう。「そしてこの命は人の光であった。」というのは、私たちが光を認識しているように太陽も高次元で人々を光として認識しているのであろう。

22　神のサポート

聖書にあるように、「人はパンだけで生きるものではなく、神の口から出る一つ一つの言（ことば）で生きるものである。（マタイによる福音書4の4）」この文章は、神の言葉が私たちの脳やチャクラに運ばれてきており、それはすなわちすべての生命が神とのつながりによって存在できるものであるということを意味しているのであろう。つながっているからこそ神の言葉が生命活動をサポートできるのである。私たちは霊を通して太陽のサポートを受け取り生きることができる。霊は私たちと太陽とを結び付けている。話したり、歩いたり、すべての行為は神のサポートがあって可能となる。たとえば、たくあんを食べるとしよう。たくあんを食べる時に感じる五感情報とたくあんを食べていると認知する認識情報は太陽の認識場から私たちの脳内に届けられ、そのおかげでたくあんをおいしく食べることができるのである。このように自分が今していることを認知できるのは、太陽を通して行われている光合成と太陽の認識場によって行われている認知活動があるからに他ならない。神と人が協働して脳内で光合成と、認識作業をしているおかげで（神のサポート）、色々な活動ができるのである。

ぜひ知っておいてほしいことは、私たちは万人神の子であり、心は太陽とつながっており、太陽は私たちの行動をサポートしていることであり、逆に言えば、太陽は人間たちの考えていることとやしていることをすべてわかっているということである。人に知られまいとして悪事を働いても、太陽には知られており、私たちのやりたいようにさせているということである。太陽とつながっている心をぜひ清らかなものにし、愛に包まれた社会の立て直しに協力してほしいものである。これほど大事な真実はないであろう。お互いの幸せと平和な社会をめざしてご理解と協力をお願いしたい。

ところで、チャクラという言葉をご存じであろうか。人間にはチャクラが身体に宿っていて、それを通してエネルギーが人間の体中を駆け巡っている。滞りなくエネルギー（気）が体を循環すると健康を享受できる。人間の体には無数の細胞があり、ＤＮＡがある。それらを動かしめているのもやはり太陽である。ＤＮＡは折りたたまれたり広げられたりしていて、遺伝子が発現されるが、これもやはり太陽によって行われているものと思われる。

神のサポートはありがたいものである。けがをすれば自然治癒力でちゃんと治してくれる。ただし、神への信仰心が強くてもいいことばかりが起こるわけではない。社会の波にもまれてこそ成長できるからである。気をつけることは、ささやかなしあわせに感謝して豊かな心をもつことが肝要だということである。欲深はよくない。岡本天明という人がかつていたが、彼が神から受けた言葉の中に「大きく濁るよりも小さく澄むことを心がけよ」というのがある。このような心こそが求められる時代がやってくる。

23　色即是空とは何か？

「色即是空」とは『般若心経』の中の有名な文言であるが、「空」というのは色々な物質や言葉のもとである太陽および銀河系によって掛け合わされた50個の光のことである。心が空域に達すると色即是空の真の意味が理解できるようになる。つまり「物質の正体は光であり、光は物質のもとである」。またそれと同時に視覚、聴覚、触覚、味覚、嗅覚などが感じられるのは、空なる存在の霊がせっせと太陽の認識場に感覚情報を送り届け、それが情報処理されて私たちの脳によって認知されるからである。大切なことは、人類の霊的進化である。一人一人が自己の霊についての知識を深めるべきであり、汚さないようにすることである。太陽は汚された霊の掃除をしている。それは私の脳を使って行われる。詳しいことは書けないが、太陽の認識場の利用に関して、私たちは責任を持たなければならない。「五蘊（色受相行識）皆空」は、すべてのことは光によって行われるということである。たとえば、この「考える」という行為は、私たちの脳、すなわち霊によって行われ、心が空域に達することによって感覚の認知活動が太陽の認識場（空域）を利用してそれを知ることができる。霊は一人一人違った印象を認識対象に対して抱いている。それは受精の瞬間、太陽と受精卵が霊によってつながった時から始まり、人それぞれ異なった印象を霊は感じ取っている。これが個性のもととなる。霊および太陽の認識場は感じたり、考えたり、行動したりする大元である。

24　しあわせと平和

人は何のために生きているのか。結局、人はお互いのしあわせのために生きている。お互いのしあわせのために私たちは目に見えない世界の科学を学ばなければならない。すべての人類は神の子である。私たちは霊を太陽から受け取り、神のサポートによって生きている。例外なく私たちすべての人類は太陽から生まれ、神の認識場を共有して生きている。これらが理解できれば、私たちは武器をつくったり、戦争をすることがいかに愚行であるかを知るであろう。真のしあわせは戦争や武器によって得られるものではなく、太陽の認識場とつながっていると感じることで得られるものである。

私たちは私たち自身を神の子として全人類のために平和利用すべきである。私たちは自他のために目に見えない仕組みを理解することにより、そして神の子として努力することによってしあわせの輪をつくることができる。お互いのしあわせを祈ることにより、真の平和は実現されるであろう。私たちは実をいうと、全人類の平和としあわせの一歩手前まで来ている。この一歩がなぜかできないのである。神の教えを学び取ることで私たちはいかにあるべきかを理解し、社会の変革をしなければならないという問題に突き当たる。多くの人がその気になれば、私たちは変革に向けた大きな一歩を踏み出すことができるだろう。

25　心を磨く言霊学（言葉の仕組み）

言霊学を理解するには「言葉は神なり」を理解することが必要である（言葉は太陽によって作られ、それはまた物質のもとである）。太陽は５段階の音と銀河系の目に見えない10段階の光をかけあわせて日本語の五十音図ができる（50個の光ができる）。これは日本が神の国であることを示し、物質文明におぼれることなく神の道を歩むべきである。言霊学は平和の武器である。日本人は深く神の国の人として言霊学を学ばなければならない。なぜなら神から平和の武器（日本語五十音図）を与えられているからである。神は言葉なりの意味が理解されれば地球上の平和の構築に貢献するであろう。

日本語は神にとっては平和をあらしめる栄養食のようなものである。桜の花びらが風に舞うような楽しさを満喫できるものである。それほど神にとっては日本語がパワフルなものであるならば、人間の誕生の時に即座に人間に与えられた言語は日本語かもしれない。だとすれば、日本民族は人間誕生の初期から存在していたかもしれない。

世界にどれだけの言葉があるのかは知らないが、それはとりもなおさず神が創造し、人に与えたことを意味するものである。万能の神のみがなせるわざである。

26　神は心の中に住む

神は人間の心の中に住みたいと言っている。これまで神は神棚にまつられていたが、これからは人間の心の中に住むことに決めた。とくに大和民族（日本人）は神の言葉を使っており、神は彼らの心の中でしあわせを感じるであろう。人はおのおのそれぞれにしあわせを持っているが、物質文明に酔いしれ、心を大切にせず、外部に快楽を求めている、それではいけない。今こそ人間と神の間に新しい関係を築くべきである。なぜ太陽は神であることを明らかにしたのか？　なぜなら神と人間と宇宙は結ばれていて統合されているという認識を共有したいからである。このような認識があるとないとでは大違いである。

神が心の中に住むと頭の中で音がする話をしよう。私の頭の中では音がする。これはおそらく岩音と呼ぶべきものかもしれない。日本の国歌の「君が代」の歌詞「いわおとなりて」には別のもう一つの意味が隠されていて、「岩音鳴りて」という意味が含まれている。この岩音が鳴ると三次元世界、すなわちこの世がいつまでも存続するという意味である。

人生とは神に導かれて生きるものであるが、なかなか難しく生易しいものではない。しかし神の道を歩く以外に生きる道はない。神が心の中に住むということは、おだやかな心をもって生きるということを意味している。極端から極端に感情が動くことはしてはならないからである。

27　心の進化

心が進化する時が来た。神は平和を欲している。このためには心が進化する必要がある。それゆえ神は目に見えない仕組みを教えた。私たちは新しい科学と哲学が必要である。これまでは科学は質量のある観測できるものを取り扱ってきたが、変える必要がある。物質のみに基づいた科学では存在するとはどういうことかという疑問に答えることができない。それゆえ神は復活して太陽であることを明らかにして、神から見た科学をもたらした。私たちは真摯にそれらを学ぶ義務があり、平和とお互いのしあわせの哲学を実践するべきである。

私は哲学書を読むたびに、もし昔の哲学者たちが太陽の教えを受けていたならば、あのようなこ難しい理屈をこねて哲学する必要はなかっただろうにと考える。おそらく太陽には太陽なりの考えがあって、太陽が万物創造の神であることを教えなかったのであろうが、今回もまた太陽は教えをもたらしたが、なぜ私およびわずかな人だけに教えをもたらしたのであろうか？　知名度の高い人に教えを授ければすぐにも太陽のメッセージは世界中に伝わるはずである。なぜそうしなかったのか疑問を感ずるところである。私はこうして神の教えを文章にしているが、本心では太陽に早く世界へメッセージを広めてほしいと願っている。

私たちはみな再プログラミングすべきである。私たちは教育によって形作られている。現在の教育のもとで優秀な人たちは競争社会の勝者となることを仕込まれている。それがそもそもの間違いである。みながみな貨幣制度社会のもとで利益を得ようとするのは間違っている。自らを再プログラミングして貨幣制度を廃止した社会で社会貢献をするように自分を変革してほしい。そして誰もが自分らしい社会貢献をするように自分たちの能力を役立てるような社会へとリードしてほしい。

28　理想

第3ミレニアムの始まりにあたって、私たちにはガイドラインとして理想が必要である。それゆえ私たちは神の心を知るべきである。人間の心イコール神の心であるのが理想的である。もし理想がなければ人々は怠惰な生活に陥り、自然破壊に突き進み、犯罪を犯し、社会は非人間的なものとなるだろうが、私たちは太陽の心と霊的な啓発が必要である。もし私たちが目に見えない仕組みを理解すれば、どのように社会を変えるべきかが理解できるであろう。正しい方向へと向かうべく努力すれば、世界平和とお互いのしあわせに貢献できるであろう。私たちは完全ではないが、重要なことは、理想を抱きつつそれらを実現するために努力することにある。

現在の地球は平和の星になる可能性を秘めている。もし私たちや万物が太陽によってつくられ、私たちが神の子として生まれたことを理解すれば、この惑星上に平和が実現されるであろう。平和なミレニアムが始まり、しあわせを分かち合う時が来る。私たちは霊長類の長でなければならない。もし私たちが万物存在の意味、神の心、なすべきことを理解すれば、霊長類の長として目覚め、発展途上のサルから進化脱皮するであろう。理想、哲学、そして神の教えの理解なくしては平和も未来もないであろう。

第2篇の貨幣制度廃止論とも関係するが、理想を言えば、人間はお金をむさぼらず、もっともっと心を磨いて他人に対してやさしさを持つべきであると思う。これこそが霊長類の長の真の姿であろう。パンを得るだけで満足していてはいけない。ぜひ霊の進化に取り組んでほしい。

29　日本、平和に貢献する国

日本は特殊な国である。なぜならば、日本人は神によって与えられた日本語五十音図を使う国だからである。結果として、日本文化は心の在り方に重きを置いている。日本人は争いを避ける。聖徳太子は十七条の憲法をつくり、和を貴しとした。日本語五十音図は日本人に静けさを与え、平和意識を与えている。それは太陽にとって重要なことである。なぜならば、光合成を容易にし、光合成に力を与え、太陽系を維持する力を与えるからである。太陽は高次元の世界で人間からの反射光を得る必要がある。太陽と人間は繰り返し、果てしなく光のやりとりをしている。それゆえ、人類と太陽系は存続できるのである。日本人は光（太陽から送られた）を太陽に送り返す力をもっている。なぜなら彼らは日本語五十音図をもっているからである。そしてそれは太陽を心地よくさせる。日本語と太陽の光合成は人類と太陽の存続に必要不可欠で、日本人の静けさと平和精神は地球上の平和のもととなるものである。

過去において日本はアジア諸国に軍事侵略を行ったが、これは日本人にとって痛恨の極みである。そして今またお金の亡者となっている。これでは日本は神からのご加護は得られまい。北朝鮮の核におびやかされているが、再び被爆されても不思議ではない状態である。

もともと日本はよい国である。私は一時期、羽生の地で一人暮らしをしていたが、その時、日本の美点を発見した。良寛、一休、西郷隆盛などの詩人たちが清貧の生活をしていたのを知って、日本を再発見した。どちらかといえば、私はおちこぼれた方に属する人間で、羽生にいる時は無頼の詩人として生活を謳歌していた。私たちはみな真の日本を再発見すべきである。そして第2篇に述べるように社会を変革しようではないか。

30 光合成の弱点

前述したようにすべてのものは太陽の光合成によって存在している。しかし弱点がある。たとえば、COやCO_2は光合成を阻害する。さらに水銀が人体に入ると光合成が妨げられて、死へと至る。恐竜が絶滅したのは地球が火山の噴火により煙で地球が覆われ、光合成ができなくなったからである。もし光合成が阻害されれば、人類、地球は消えてしまうであろう。そうなる前に私たちは神の情報（原子物理学）を理解する必要がある。科学やテクノロジーが進歩しても、目に見えない仕組みや原子物理学が理解できなければ、私たちは間違った方向へと進んでゆくであろう。

車を運転すると、ガソリンが燃えて排気ガスが出てくるように、光合成が行われると、目に見えないガスが出てくる。たとえば人体の場合、絶え間なくエネルギーが人体に入って物質をあらしめているが、その際、ガスが出てくる。ではそのガスはどうなるかというと、それは血液の中に入って水素の中に吸収されて中間子から放出される。このような深遠な仕組みによって人体は成り立っていることを知るべきである。

またCO²が光合成を阻害するとなると、これ以上石油を燃やすのは危険なことがわかるであろう。となると、経済活動は控えめにやるべきである。さらに二酸化炭素が光合成を阻害することによって太陽は核力を増強して強いエネルギーを放出する羽目になり、その結果が地球温暖化現象である。炭素がもえることによって大気中に二酸化炭素が排出される。脱炭素社会をめざして水素や再生可能エネルギーの使用へと転換されようとしているが、はたしてそれが炭素のように太陽の光合成に何らかの支障や悪影響がもたらされるかどうかはよくわからない。おそらくは水素をもやせば炭素をもやすのと同様に太陽の光合成を阻害する事態となるかもしれないであろう。風力発電や太陽光発電についての是非は謎である。

31　科学の役割

私たちは現代テクノロジーの恵みによって物質文明を謳歌しているが、自然の怒りの前にはひとたまりもない。私たちは気候変動を自然が壊れている（目に見えない仕組みが壊れている）という警告と受け止めるべきである。科学の役割は自然をいかに理解するかということである。そのためには私たちは物質面だけではなく、目に見えない面も理解しなければならない。もしそうすれば、私たちは神すなわち太陽がそれらを統合していることを理解するであろう。太陽は国連が太陽を神と認めるまで頑張ると言っている。そこで私たちは神とはどういう存在であるかを理解しなければならない。そして進むべき正しい道を知るべきである。形と心の統一真理は「色即是空」である。目に見える部分の裏には目に見えない部分があるということである。

「7　新しい科学」でも述べたが、私たちは新たな科学を必要としている。また「30　光合成の弱点」でも述べたように、光合成が阻害されれば、それは三次元世界の消滅を示している。すべての科学者はそのことを知るべきである。自然とは目に見える部分と目に見えない部分の仕組みがあり、自然環境の破壊とは、三次元世界を構成している目に見えない仕組み（太陽による光合成）が破壊されているということである。だからこそ、科学者たちは真剣に科学の役割を考え、実践されねばならない。私たちは現在の強欲な経済活動を控えるべきである。なぜ私たちが存在し、万物の存在はどのようにあらしめられているのかを明確にするのが科学の役割である。そうしてこそ地球は崩壊から免れられるのである。究極的にいえば、地球を破滅から救うのが科学であるべきだ。

32　旧約を果たす太陽

太陽は４つの宗教、すなわちユダヤ教、キリスト教、イスラム教、仏教の創造者である。そして宗教の時代に終止符を打つ時が来た。太陽は新しい教えを与えたが、それは宗教ではなく科学であった。神はキリストの再来として知られる旧約を果たした。キリストとは神の言葉（教え）のことである。私は新しい科学が平和を樹立するためのよき手段の一つになることを願っている。なぜならすべての人類は神の子だからである。戦争、紛争、軍拡競争にピリオドを打つ時である。

このメッセージを受けた以上、私たちは社会を大変革する義務があるであろう。太陽はそれを望むであろう。第2篇で述べるように私たちは貨幣制度を廃止すべきだと私は思っている。私たちは色々な問題を世界規模でもっているが、それらは決してお金で解決されるものではない。というよりむしろお金こそが色々な問題の発生原因なのではなかろうか？　ならばお金は廃止すべきものではないのか？　お金を求めるゆえにますます問題が増幅しているように思えてならない。

太陽はどんな気持ちで私たちの活動をみているのであろうか？　お金がものをいう社会は底なし沼のようなものだ。自分の利益ばかりを計って他人を蹴倒す社会を太陽は望んではいまい。聖書の中に次のような文章がある。「富んでいる者が神の国に入るよりは、ラクダが針の穴を通る方がずっとやさしい。（マタイによる福音書19の24）」神の目から見たお金もちの存在がどのようなものかがよくわかるであろう。神とは何かを知るには、内面において神の認識場を感知することが肝要であろう。これこそが私たちがまず第一になすべきことである。そうすれば、光が万物の正体であり、万物が霊を通して太陽とつながっていること、および万物が神によって創造されたことがわかり、これらの理解により、人類変革の第一歩となるであろう。

33　4つの疑問点と「負の科学」による「脳」と「心」の考察

以上、いろんな考察を行ってきたが、断定不可能な、未解明な疑問点が多々残っており、とりあえずその4つの疑問点について述べようと思う。

（1）物質のもとである日本語五十音はどんな物質を作っているのかについては、神は何も言及していないので、よくわからない。たとえば、脳、神経、骨、血管、髪の毛、眼、耳、鼻、舌、歯はどの音によってつくられているのであろうか。神のみぞ知るである。

（2）どれくらいのCO_2を排出すると、三次元世界が崩壊するのかについても神は言及していない。とりあえずは、エネルギーの消費、CO_2の排出の減少につとめる以外に方法はないであろう。また水素を用いた発電についての是非にも言及されていないが、とりあえずは再生可能エネルギーや水素による燃料電池を用いて地球温暖化の進み具合がどうなるかを調べるより他に手はないかもしれない。

（3）地球以外の太陽系の惑星は何のために存在し、どのような役割を担っているのかは大いなる疑問であり、謎である。これらについては、太陽からの情報提供を待つ以外に知ることはできないであろう。

（4）最後の疑問点は、生物の脳について何も語られていないことである。脳について理解することは、神経細胞について理解することといっても過言ではないであろう。短期記憶も長期記憶も太陽が樹状突起や軸索を操作して、さらにシナプスを形成して、神経細胞に記録しているのであろう。たとえばものを書くという行為は、前頭葉と言語中枢を働かせて、頭に発生するイメージを言葉を使って記述することであり、神経細胞のどこにどんな情報が記録されているかを太陽は知っているということを意味している。

太陽は銀河系のすべての光を各個人に送り届け、それと同時に全個人に間違うことなく思考を送り届けているということを意味しており、まさしく万能の神のなせるわざである。各個人に与えられた脳をどのように使い、どんなつきあい方をするかは各個人の特権であるが、複雑な神経網を構築してくれた太陽に感謝して正しい使い方をしてほしいものである。

これ以降の脳のメカニズムの解明については「負の科学」という観点からの研究が必要であろう。脳は心身の全活動を統括しているが、とりわけ重要な問題は「心」とは何ぞや、どのようにして心が発生しているのかということであろう。「高次元は心の世界である」という言葉がある。高次元とは太陽の認識場のことであり、負の世界である。人類はいよいよこれについて学ぶ時が来たといってもいい。霊を通して人間に意識を届けて、あふれんばかりの愛を人間に送り届けている太陽と人類のつながりを知ることがこれ以後の人類の脳と心の解明の最大の目標であろう。ぜひ脳と心の研究を極めてほしいものである。その時、神と共に生きている自分を発見するであろう。

34　太陽の光合成

本書は太陽が万物の創造主、神であることを
前提として書かれたものである。
まずは神の教えを紹介しよう。
太陽とはすなわち万物の創造主、神である。
太陽は光合成をしている。
この世の三次元世界、太陽系のすべての星が
太陽の光合成によって創造され、存在している。
光合成とはつまり星の光を合成して
物質化・三次元化することである。
植物がしている光合成とは異なり
太陽の光合成とはこの世のすべての物質や生物の五感をあらしめて
生命活動をサポートすることである。
時間や空間もまた太陽の光合成によって
造られたことを理解すべきである。
地球に存在するすべてのものは

太陽からのエネルギーを受け取って存在している。
地球に生命あるすべてのもの、人間も含めてそれらのものは
霊によって生命の源である太陽とつながっている。
三次元では個々人は個体として存在しているが
物質に備わっている霊はすべて太陽とつながっている。
何十億もの人間の霊はひとしく太陽とつながっている。
私たちは太陽の認識場を共有して
考えたり、話しあったりすることができる。
私たちは受精の瞬間から太陽の光合成によって
生命体として存在し始めるのだ。
人間は物質、すなわち原子の集まりであるが、
私たちがものを考えたりできるのは
原子がものを考える生命体であるからだ。
原子の基本形は水素原子核である。
原子の表は物質であるが
裏は目には見えないが霊と呼ばれる部分である。
この霊がものを考えている。

水素は神聖な物質である。
水素原子核の表側では核は右に回転し
裏側では左向きに回転している。
太陽の光合成は水素原子核の裏側にエネルギーを供給して
核を左回転させて表側を右回転させている。
このように水素原子核は表側では右にスピンし
裏では左にスピンしている。
二酸化炭素が発生すればするほど
太陽は光合成を行おうとしてやむなく核力を増す。
地球温暖化は二酸化炭素の増加によって起こり
また水素原子核の光合成を強めようとして
核力を増してスピンさせるために起こるのである。
人体では肉や骨、髪の毛や皮膚、血や歯や爪
様々なものが光合成によって作られている。
それらの物質のもとは銀河系に飛びかっている星の光であり
言葉も星の光がもとになっている。
日本語五十音は様々な物質のもとである。

それ以外にも星の光には
色々なイデアが含まれていて、人の脳に飛びかい
そのために人々は色々な考えを抱いている。
脳は色々な星の光を吸収して人々に
色々な行動を起こさせているのである。
何十億もの人々の思考や活動は
高次元の太陽の認識場によって行うことができるのである。

35　死にゆく海

現在の私たちの最大の関心事は
未知なる道行く平和地球号の行方である。
地球温暖化ガスをゼロにしようとしているが
２０５０年までに達成するにしろしないにしろ
二酸化炭素以外にも問題点がある。
太陽の光合成がスムーズに行えるかどうかにこそ問題がある。
光合成がスムーズにできないと
太陽は光合成を行うために核力（スピン）を増して

その結果、海に強いエネルギーが降り注がれることが問題である。
当然ながら海は熱くなり
多くの強力なエネルギーが強力な台風を引き起こす。
問題はそれだけではない。
海に強力なエネルギーが注がれて
海水温が上昇してしまうことである。
危惧されるのは、海の環境が破壊され、
海洋生物、魚などが死に絶えてしまうかもしれないことである。
すべての海が死んでしまうかもしれない。
それは恐ろしいことである。
人間が引き起こす災害として一番危惧されるのは
海が死んで、強力な台風を引き起こすだけの
存在と化してしまうことである。
なぜそうなるのか。
二酸化炭素以外に何が光合成を阻害するのか。
それはわからないが、海が死に果てるまでには
時間はあまり残されていないかもしれない。

風力発電は安全であろうか。
原子力発電は安全であろうか。
燃料電池は安全であろうか。
製鉄の水素使用は安全であろうか。
二酸化炭素が発生されなくても
光合成が阻害される結果として太陽は
光合成を強めるためにスピンを強化して
そのためにさらなる地球温暖化が
なされる点が問題であろう。
太陽の光合成が強化されないようにするために
私たちはどうするべきであろうか。
答えは一つしかない。
それは経済活動を控えめにすることである。
私たちがこれ以後ずっと存続を希望するなら
エネルギーの大量消費をしないことである。
エネルギーの消費は風力によるものであれ
水素によるものであれ燃えカスを排出する。

二酸化炭素を排出しないからといって安心であるとは限らない。
海の死をもたらさないようにするためには
私たちの生活様式がどのようなものでなければならないか。
それが今後の人類に課された課題である。
新たな生活様式を模索する時が来たのであろう。

36　神が創造した自然の仕組み

前線が長時間停滞して
数十年に一度の大雨に見舞われている。
このような自然の猛威に対して
私たちは傍観するしかないのだろうか。
いったい何が起こっているのか。
このような自然現象は何が原因で起こっているのか。
私たちはテクノロジーを駆使して文明を謳歌しているが
はたして私たちの創造している文明社会は
自然の仕組みを破壊し
その報いを受けているとはいえないだろうか。

自然破壊の瀬戸際に追い詰められて
自然は必死で自然崩壊のメッセージを
自然災害という形で伝えようとしているのではなかろうか。
ここで私たちは一度立ち止まり
現在の文明社会の在り方に
反省の目を向けるべきであろう。
わずか数日間で一年間の半分以上の
降水量が生じたというのは尋常のことではない。
今こそ神が創造した自然の仕組みを
畏敬の念をもって理解する時であろう。
天地創造の神とは太陽のことであり、
太陽は光合成によって光から物質を
創り上げているという事実を
人類に向けて発信したことを
感謝の念をもって受け入れるべきであろう。
私たちは今こそ太陽が
水素や酸素やすべての物質および時空間などのすべてのものを

創造したことを知る時に到ったことを理解するべきである。
お金儲けを目的とした経済活動はやめて
さらなる自然災害の発生にピリオドを打つべきである。
私たち人類は神によって創造された被造物としてのあり方について熟考し
真摯に哲学すべきである。
太陽の被造物として存在しているという
純然たる事実を前提として
私たちは新たなる文明社会の創造に人類一丸となって
脱自然破壊の未来に向けて
新たなる一歩を踏み出すべきであろう。

37　創造と破壊

「創造と破壊」について考えてみよう。
創造とは太陽の光合成による自然の仕組みが
破壊されないような社会システムを創り上げることである。
破壊とは人類による経済活動によって
太陽の光合成を阻害し

自然の仕組みが破壊され
三次元空間が消滅することである。
近年の大雨による自然災害は
自然破壊が進行していることを示すものである。
過剰なエネルギー消費は言語道断な行為である。
なぜなら太陽の光合成による
自然の仕組みが破壊される原因となるからである。
これらの自然破壊を地球規模で食い止めるには
全世界の国々が国連に集結し
解決策を講じる必要があるであろう。
国連にお願いしたいのは
太陽が神であることを認めてほしいということである。
神と人類が一丸となって現在の私たちの活動を見直し
あらまほしき社会システムを
創造することが最善の方策である。
もしかすると近年の大雨は
水素をエネルギー源とした発電システムの開発が原因かもしれない。

水素を燃やすなというのが
近年の大雨の警告なのかもしれない。
このままの道を突き進めば悪魔の水素社会となるかもしれない。
アンモニアも燃やしてはならないであろう。
水素を取り出してエネルギー源とするのは
悪魔の道に入り込むことであろう。
太陽の光合成に異変が生じた結果が
近年の大雨災害なのではなかろうか。
水素を燃やせば水素は破壊の大魔王となって
私たちの日常生活を打ち砕くであろう。
水素社会の創造ははたしてどのような報いを受けるかは明言できないが
何らかの自然破壊が進み
大いなる災害がもたらされるであろう。
どのような社会システムを創造するかは
太陽の教えや光合成を学ぶことによって明らかになるかもしれないが、
国連が太陽を神と認めれば
太陽から何らかのメッセージがもたらされるかもしれないだろう。

今こそ私たちは水素とは何か
太陽の光合成とは何かを理解することが
求められているのではなかろうか。
太陽の光合成システムを理解することが
三次元世界の消滅の危機から脱する唯一の策であろう。
今、人類は熟慮する時を迎えているといえるであろう。

38　霊的進化

どのような社会システムを創造すべきであろうか。
私たちのさらなる生存において求められるのは
全人類が霊的進化を果たすことである。
そのためには社会システムの変換が必要になる。
大量のエネルギー消費を抑制し
高い平和意識による精神文明を築き
人間が本来もっているはずのやさしさを取り戻し
貨幣や軍備のない社会システムを構築すべきであろう。
霊魂および地球は神から人類に与えられているこの上ない神聖なプレゼントである。

太陽の認識場によって意識や認識が
私たち一人一人に与えられ
認識の発生源である太陽の認識場と
つながっていることを私たちは知るべきである。
霊や物質の正体は光であり
光によって生命や生物は誕生しているのであり
このような事実を理解してこそ
霊的進化がなしとげられるであろう。
私たちはこれ以後の霊的進化の時代において
脱貨幣制度、脱自然破壊、脱過剰エネルギー消費を
断行する時を迎えている。
現在の私たちは歴史的過渡期の
さなかで迷える子羊状態を余儀なくされている。
それはなぜかというと私たちは
神である太陽の光合成によって
創造された自然の一部分であることを知らされていないからである。
もし神である太陽の教えが人間たちに

与えられたとしたら私たちは
はたしてどのような行動をとるであろうか。
そのとき国連は太陽を神として認めるであろうか。
はたして人類は霊的進化を果たし
人間本来のやさしさや博愛精神を
互いに享受しあえるであろうか。
私たちは頭の中をリセットして
ゼロからあらまほしき社会システムを
構築していく必要がある。

39　すべてのものは無から生じている

意志があるところに道が生じるというように
すべては個々人一人一人の心から始まる。
最善の社会システムを創り上げる上においても
一人一人がどのような心のあり方を
めざすかによってすべてが決まるであろう。
無から有が生じるのが

私たちの住む太陽系の地球の誕生についての真実である。
神から与えられた霊的システムの
産物である心もまた太陽によって創り上げられたものである。
無から有への創造は太陽によって行われたものであるが
心もまた無から生じているものであり
目には見えないが太陽によって創り上げられた最も神聖な
無から生じた有の産物である。
私たちがなすべき最高の創造とは
太陽の認識場を全人類が共有する愛の認識場へと
創り上げることであろう。
私たちが創り上げる新たな社会システムは
愛の認識場の創造に全人類が
尽力することによってなしとげられるであろう。
心とは霊的システムの産物であり
私たちは一人一人が霊的システムによって
太陽の認識場とつながっている。
これまで人類は太陽の認識場によって意識を持ち

認識活動をしていることに対して無知であったが
これからは私たちは太陽の認識場を
私たちの奮闘努力によって
愛に満ち溢れた認識場とすることが
これからの私たちの社会システム創造の
第一歩となるであろう。

40　愛の認識場

私たちの社会は競争原理によって成り立っている。
スピードが求められる社会であるが
愛の認識場が築かれるならば
スピードはゆるやかなものとなり
心の平和を享受する社会となるであろう。
それは自然の破壊から脱却し
私たち人類も自然の一部として
太陽および自然の恵みに感謝し
スピードではなく破壊ではなく愛の認識場の創造のために

一人一人が神から授けられた光によって
個々人がそれぞれ心を磨き
霊的進化を果たすべきであろう。
愛の認識場の創造は人類最高の創造行為であるが
太陽の認識場は人類の心の持ち方によって
不浄なものとなる可能性がある。
私たち一人一人が心に光のともしびをともせば
太陽の認識場は愛の認識場となる。
百匹目のサルのように
心に光をともす人々が増えれば
次々と心の光をともす人たちが増えてゆくだろう。
経済的利益を求めてスピードを増せば増すほど
太陽の認識場は浄化力を失って
愛の認識場は破壊され
自然の破壊と相まって
私たち人類は消滅する時を迎えるだろう。
愛の認識場が光れば光るほど

光によって悟りを得る人が増えてゆくだろう。
神の光は命の光であり
経済的利益は虚妄である。

41　自然の営為

自然とは何か。
それは生命活動の基盤、大元である。
まずは自然の営為について考えておこう。
男女が結婚して子供をつくる。
これは自然の仕組みの大切な一部である。
これほど重要な出生数が減少低下しているのは
私たちが自然から乖離していることを意味している。
私たちは自然に対して畏怖の念を抱くべきである。
時空間に対してもあって当たり前の考えを
抱いている私たちであるが
時空間はなくなる可能性がある自然のもとである。
自然を軽視してはならない。

現代のテクノロジーの進歩は驚くべきものである。
たとえば、軍事兵器などはその最たるものである。
極超音速兵器の開発をめぐって
数ヵ国が開発競争をしている。
どのような必要性があって
開発製造を行っているのであろうか。
日本ではリニアモーターカーの製造と
実用化が行われているさなかである。
これらの事実は私たちが自然のありがたみを忘れ
自然から乖離しているを意味しているものである。
現代のテクノロジーの進歩は勢いをもって驀進し
私たちの文明が間違った方向へと
ひた走っていることを私たちは理解しなければならないであろう。
過剰なエネルギーの消費は
自然の仕組みをないがしろにした破壊行為である。
自然とは神、太陽がつくった神聖なものである。
太陽の光合成を阻害する行為はしてはならない。

過剰なエネルギー消費は太陽の光合成を
阻害している可能性がある。
現代のテクノロジーの進歩は
ある意味で私たち自身の首をしめつける行為である。
（どのような分野でテクノロジーが使われるかは
よくよく考えた上で
どのような活用法をするのかは
慎重な取捨選択が必要であろう）
食料の価格が高騰しているが
ごはんを食べるのも自然の営為の一つである。
私たちが依存している自然は私たちの存在、生存にとって
かけがえのないものである。
自然の仕組みをこわしてまで文明の進歩をはたすのは
本末転倒であろう。
自然の偉大さ、恐ろしさを知ってこそ
私たちのこれからの生存、生活は見直されるだろう。
自然の営為を守ることは

私たち自身の生活を守ることである。

今一度私たちは古い習慣、経済活動を見直して自然の営為を脅かす行為を改める必要があるであろう。

古い習慣である資本主義も否定されるべきである。

過度な自由主義もまた同様である。

ほどほどの自由主義が望ましいであろう。

過度な自由主義、強欲な資本主義はともに地球そのものを破滅においやる（経済）構造であることを念頭においてそれらからの脱却に取り組むべきである。

42　物の考え方によって社会は変わる

物の考え方は心のあり方や感じ方によって変化するものである。

心のあり方や感じ方が変われば物の考え方も変わるものである。

そして社会も変わるであろう。

心とは何か、それがわかれば人間としての自分がわかり
人間らしい考え方やあたたかさで
穏やかな物の考え方ができるようになるであろう。
心の根源は高次元のものである。
太陽の認識場と私たちの心は霊によってつながっている。
そのおかげで心には安らかなエネルギーが届けられている。
瞑想や坐禅によって心の掃除をして
心が安らかな感覚に満たされれば
物の考え方も変わるであろう。
自己中心的な我欲や周囲の人々の考え方が押し付けられたり
学校や社会の教育によって現在の自分が創り上げられている。
私たちは本来の自分を見失ったまま
金儲け社会の働き蜂のように働くばかりで
永遠に本来の心のあり方もわからずに
一生を終えるであろう。
太陽は私たち一人一人に愛を送り届けている。
私たちは太陽から安らかなエネルギーを受け取っている。

それは金儲けよりも大切なものである。
太陽の愛の認識場には国境もなく
軍隊という脅威を与えるものもない。
あるのはただ太陽の愛の光と
万民が太陽とつながっているという事実だけである。
「念は現実化する」という言葉がある。
私たち一人一人が心の根源である太陽の認識場を発見すれば
心のあり方や感じ方が変わり
物の考え方も変わって
私たち人類は現在のような軍事紛争や株価の上がり下がりを
血眼になって注視するような光景は消え去るであろう。
私たちは現在の物の考え方を変えなければならない。
いずれは真の自分を発見した人々が現れて
経済成長や経済的利益を追い求めている人々の姿に
目を疑うことになるであろう。
何という狂った社会であることかと。
老後の資産形成にいそしむことの

何という痛ましいことかと。
人間の本分とは何か？
最終的には人間は本来の自分を
知ることによって協調的な
あたたかな人間らしさに満ちた社会を築くであろう。
天地自然の流れ行く時間とペースに従って
社会活動に専念するであろう。
そして光り輝く精神文明を築くであろう。

43　地上の太陽・核融合

核融合という方法を用いて
大量のエネルギーを取り出そうという
研究開発が幾多の国で行われている。
実用化されれば無尽蔵のエネルギーの使用が可能となる。
問題はそれが可能であれ不可能であれ
光合成の阻害となるおそれがあることを理解すべきであろう。
なぜなら空間を形成している時間の波が寸断されて

三次元の時空間が消滅してしまうからである。
「地上の太陽」を作ろうとする行為は
この世を消し去る所業である。
踏み込んではならない領域があるということを
科学者、技術者、政治家は銘記すべきであろう。
太陽が燃えているのはなぜか？
それは太陽系という三次元世界を
存在たらしめるがためである。
地球上で核融合を行おうとするのは
太陽の光合成を阻害する行為である。
私たちは太陽の光合成のおかげで
この世に存在することができるのであって
太陽の光合成を阻害する核融合はしてはならないことである。
私たちはしてもいいことや
してはならないことを理解していない。
太陽が光合成をしていることを
今こそ私たちは理解しなければならない。

金儲けという危険なゲームは
このあたりで終わりにすべきである。
太陽の光合成を阻害するような経済活動が
このまま続くとどういうことになるのか。
お金を動かし、お金儲けに猛進すると
どういうことになるのかを
私たちはまだ理解していない。
宇宙ビジネスなるものも始められようとしている。
地球の消滅という形でゲームが終了しようとしている。
現在の金融の仕組みによって
経済活動、マネーゲームが続けられると
太陽の光合成は限界に至って
私たちは無の世界を迎えることになるであろう。
ここで一休みして私たちのしていることを
明確にすべき時が今や訪れているのを知るべきである。

44　無償の愛の世界

経済音痴の私が言うのもおこがましいが
現在の私たちに必要な成長は
経済成長ではなく霊的成長であろう。
霊的成長を伴わない社会の構築は
多方面からの問題が続出して混乱をきわめ
行き着く先は地球・人類の破滅であろう。
もし私たちが地球という星において
どのような宇宙法則によって生存しているのかに対して
ずっと今のように無知であり続けるならば
いくらＳＤＧｓに精を出したとしても
努力の甲斐もなく持続可能な開発目標は
達成されることなく終焉を迎えるであろう。
私たち万民の神である太陽の教えを理解し
太陽を神と認めない限り
国連が地球や人類を救い出すのは不可能であろう。

私たちが存在しているのは太陽が光合成をしているからであり
もしこの光合成ができなくなれば
三次元世界は破壊され
私たちは無の世界へと陥るであろう。
破滅を回避するには私たちが
どのような存在であるかを知る必要があり
太陽の教えを学んで無知から脱する必要がある。
子供たちに資産形成の仕方を教える前に
お金にしばられ、様々な問題を抱えている私たちの悲惨な
現状を反省するのが先決である。
太陽が光合成をしてそれによって地球や人類が存在し
私たちが太陽の認識場を共有して
ものを考えたり、言葉を操ることができることに
感謝する時こそ無知から脱する時である。
太陽によって命や言葉を与えられていることを理解し
私たち一人一人が霊を介して太陽と結ばれていることが
理解されなければ本物の平和や哲学は生まれないであろう。

ニューノーマルとかサステナブルとかいう外来語が
盛んに語られているが
太陽の光合成によって成り立つ私たちの社会の進化の方向性は
太陽の教えを理解する以外にはその正解は得られないであろう。
私たちが何気なく使っている言葉は
その一つひとつが神から与えられているものであり
神は何でもかんでも人間たちのやりたいようにやらせているが
このような太陽の光合成の仕組みを人類に明かした事実は
何を物語っているのであろうか？
太陽は人類に何を望んでいるのか？
答えを出す時が今ようやくやってきた。
経済成長ではなく霊的な進化こそが
太陽の求めているものである。
過去から現在へと伝えられてきた悪い習慣を
廃すべき時である。
軍備や貨幣は過去の遺物とすべきである。
兵器によって人間に死をもたらすことは

神とつながっている命を奪いとることであり
大きな罪である。
強大な軍事力をもって世界を支配しようとするのは
太陽とつながっているものを私物化する
大きな罪である。
軍事大国化は神の望むところのものではない。
それは霊的進化とは正反対のものである。
太陽の認識場とつながっているのは何故なのかを
知るべきではなかろうか。
人類がよこしまな心をめぐらすばかりであれば
太陽も最後の決断を下して
人類を抹殺する羽目となるかもしれない。
軍事面ばかりでなく経済面でも同様のことが言えるであろう。
人生百年時代が来るであろうということが
言われるようになってきたが
果たして経済的にそれは可能であろうか。
国民に対して経済的負担を課すことが

ますます増え行くばかりでは
生活できなくなってしまうだろう。
脱炭素の掛け声で一斉に金融機関は
新しい金儲けのタネができてうれしいかもしれないが
過度の経済活動を助長するようなことになれば
それが太陽の光合成にどのような影響を与えるかが
考慮されるべきであろう。
軍事でも経済でも両者ともに競争がつきものである。
この無用の競争が続く限り
太陽の光合成は停止のリスクにつきまとわれるであろう。
持続可能性が必要なのは何はともあれ
太陽の光合成であって他の何物でもない。
そのためには経済活動は控え
霊的な進化に邁進するべきであろう。
霊的進化を果たす上で知るべきことは
光合成の仕組みである。
太陽系は太陽の光合成によって作られ

鳥影社愛読者カード

このカードは出版の参考とさせていただきます。
皆様のご意見・ご感想をお聞かせください。

書名	

①本書をどこで知りましたか。

i．書店で
ii．広告で（　　　　　　　　）
iii．書評で（　　　　　　　　）
iv．人にすすめられて
v．DMで
vi．その他（　　　　　　　　）

②本書・著者・小社へのご意見・ご感想等をお聞かせください。

③最近読んでよかったと思う本を教えてください。

④現在、どんな作家に興味をお持ちですか。

⑤現在、ご購読されている新聞・雑誌名

⑥今後、どのような本をお読みになりたいですか。

◇購入申込書◇

書名　　　　　　　　¥　　　（　　）部

書名　　　　　　　　¥　　　（　　）部

書名　　　　　　　　¥　　　（　　）部

料金受取人払郵便

諏訪支店承認

2253

差出有効期間
令和6年12月
18日まで有効

(切手不要)

郵便はがき

3 9 2-8 7 9 0

〔受取人〕

長野県諏訪市四賀229-1

鳥影社編集室

愛読者係　行

ご住所　〒□□□-□□□□	
(フリガナ) お名前	
お電話番号 (　　　　)　　　-	
ご職業・勤務先・学校名	
eメールアドレス	
お買い上げになった書店名	

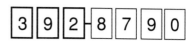

銀河系の中で存在しながら
銀河系の星々の光をもとに
太陽系や地球上の万物を作っているということである。
これが宇宙法則である。
この事実をもとにして社会を構築することが
今後の私たちの社会のあり方を決するであろう。
万民等しく神の子であり
貨幣制度は廃止すべきであろう。
霊的進化を果たしたとすれば
貨幣制度の廃止は必然のことだとわかるであろう。
霊によって太陽と結ばれている私たちは
自主的社会貢献をして無償の仕事をするのであって
経済成長のためではなくお互いの幸せのために
自主的社会貢献をすべきである。
太陽が無言で私たちの行動をサポートし
また無償の愛をもって私たちをサポートしているのであれば
私たちもまた太陽を見習って

無償で仕事をすることこそ当然の義務であろう。
願わくば、安らかな心に満ちた人々が増えていき
霊的な進化を果たすことであろう。
空域に達した心は貨幣制度の無意味さを悟るだろう。
太陽は銀河系の星々の光を合成して
太陽系や地球および生物、人類を創造し、現在に至っている。
梅や桜の木に花が咲くのも
太陽が無から有を生じさせているからである。
それらは宇宙で飛び交う星々の光によって
物質化されているものである。
そのような宇宙の仕組みを知り
感謝の念に満ちた私たちの心こそ神の宝となるであろう。
霊的進化を果たした先にあるものは
無償の愛の世界であろう。

第2篇　貨幣制度廃止論

1　私たちはお金の鎖から解放されるべきである

第2篇では貨幣制度廃止の必要性を論じてみたい。お金は社会の中で主要な役割を演じている。これは紛れもないゆゆしき事態である。私たちはお金の鎖から解放されるべきである。でないと明るい未来はやってこない。最も大切なことは、経済成長を追い求めるのではなく、貨幣制度を廃止することだ。

資本主義経済において私たちは生存をかけて競争している。もし会社が倒産すれば、労働者たちは路頭に迷うことになる。このようなことはあってはならない。ゆえに理想的な社会モデルを考えなければならない。その第一歩が貨幣制度廃止である。

もしも神の教えを理解し、霊的進化を果たしたならば、躊躇することなく貨幣制度廃止の利点を察知することができるであろう。どのような社会を構築するにしても、霊的進化なしに持続可能な社会システムをつくることはできないであろう。経済活動による自然破壊、過剰なエネルギー消費は自然災害を引き起こすであろう。これらの災害を回避するには貨幣制度という無慈悲な金縛り状態から解放される必要がある。貨幣制度という金縛りからの解放は世界的規模で行う必要があり、世界政府となるべき国連の主導（第3篇「世界の主役・国連」参照）で行われるべきである。国連の世界新政府にどれだけの国が加入するかはわからないが、太陽を神と認めた上で貨幣制度廃止を断行してほしいものである。

2　社会貢献

貨幣制度の中では金銭的な利益を得ることが人々の目標となっているが、人間が人間であるために必要なものとは何かといえば、それはお金をたくさん稼ぐことではなく、思いやりをもち、社会のために自己の能力で社会に貢献することである。これを可能にするには、地球的規模で貨幣制度の廃止を実現する必要がある。それは世界中の人々が精神的に進化していなければ実現不可能である。私たち人類は唯一の点（天、太陽）から命を授けられ、太陽の認識場を共有している兄弟姉妹である。人類はやさしさに満ちた関係をもつべきである。人間は神の子として等しく扱われなければならない。そして等しく社会に貢献しなければならない。一人一人が無償の社会貢献をする意欲をもたねばならない。現在のように人々がこぞってお金儲けの話ばかりをしているというのは異常なことではなかろうか。政治家や銀行マンにとってお金の話をするのが本業の人々も自分たちのしていることを熟慮すべきであろう。

３　お金は本当に人間の存在にとって必要か？

私たちは貨幣制度の中にあって経済活動を行って生活している。そして必要なものを売り買いしている。もし貨幣制度が廃止されたらどうなるのだろうか？　私たちはお金を介在させずに必要なものを得ることができる。そしていつも通り仕事をするのである（とはいえ資源（石油など）の消費は最小限にする必要があるが）。私たちはお金は必要でないことを理解するであろう。問題は仕事へのインセンティブである。なぜなら仕事をしなくとも生活ができるからである（もっとも全員が仕事をしなかったら社会は麻痺してしまうが）。しかし心配は無用であろう。私たちは生きていることの価値は社会貢献することにあることを理解したうえで、仕事をするからである。協力しあうことで私たちは困難を克服できるであろう。

私たちは現在、おのおのが何らかの仕事に携わっている。そして給料を受け取っている。貨幣制度が廃止されたとすれば、給料は支払われない。では、どうやって生活していくのか？　今まで通りでいいのだ。ただ金銭を介することなく物を買い、仕事をするのだ。当然会社の在り方も変わってくる。利益を出すために仕事をするのではなく、お互いが助け合って仕事をし、社会貢献すればよい。過労死のような悲劇はなくなるだろう。人手不足ならばもっと人を増やせばよい。コストを考える必要もない。倒産の心配もいらない。お金が介在しないのでむやみな競争がなくなり、社会全体が助け合う社会となるだろう。育児などにも専念できる。現在の社会ではお金がないと何もできないが、貨幣制度を廃止すれば、資金なしでいろいろなことができるようになる。

競争社会から自他ともにしあわせを追究していく社会へと進化していくだろう。

4　精神的成長

私たちはまさに進化の途上にある。物質的欲望と決別する時が来た。神の教えが理解されたならば、経済活性化のためにカジノを作ろうというような考えは起こるまい。強欲な資本主義では大規模開発が行われ、自然（目に見えない仕組みを含む）が破壊されていくが、貨幣制度廃止によって熟慮の上での開発が行われるだろう。貨幣制度廃止は、人類の精神的成長がなければ実現できない。霊的進化こそがこれからの社会には必要である。貨幣はもちろんのこと、核兵器、通常兵器もまた撤廃されるべきであろう。

5　なぜ貨幣制度は廃止されるべきか？

貨幣制度廃止の最大の理由の一つは、これ以上、過剰な経済活動をすべきではないからである。現在、お金もうけのためにどんどんと経済活動が繰り広げられている。そうなると環境は破壊されて気候変動を起こし、自然災害もどんどんと頻発するようになるだろう。前述した通り、CO_2によって太陽の光合成が阻害されてしまい、最悪の場合には、人が消えたり、三次元世界が消滅してしまうだろう。競争すればするほど、最期は近づいてくる。

もっと違う生活ができないだろうか？　誰もがやさしい心をもっている。それこそが人間の人間たるゆえんであり、これはお金に換えられない。強さとはやさしい心を持ち続けることである。やさしさの中に人間の真実がある。それこそは人間がもつ最高の善である。人間の霊は神、太陽とつながっている。そして考えたり、話しあったりする能力を授けられている。その能力で私たちはお互いに助け合い、貨幣制度を廃止すべきである。

ではどのように貨幣制度が廃止されるべきであろうか？　国連のリーダーシップのもとで行われるべきであろう。これは世界的規模で同時に行われる必要がある。

６　探し物は何ですか？

今の世の中を見ていると、歌の文句ではないが「探し物は何ですか」と言いたくなる。ちまたでは新たなビジネスモデルとかビジネスチャンスという言葉がささやかれているが、カネもうけばかりを考えていると何か大切なものが見えなくなり、どんどんと金縛りの世の中をつくっていくばかりである。企業はひとたび建て上げると自己増殖を求めて成長していくが、そんな時には一度立ち止まって自分のしていることを顧みることが必要である。お金のことが頭の中を支配し、他のことが考えられなくなってしまうのでは、良好な未来の姿が見えなくなってしまうであろう。私たちが求めている未来は、お金から訣別した社会でなければならない。仕事をして得られるべき報酬はお金ではなく、社会貢献しているという満足感であろう。私たちがめざすべき未来の姿は決して水素社会などでもなく無尽蔵な水素燃料を過剰消費する社会でもない。水素社会を創り上げても、長続きしないであろう。なぜなら（水素社会は）太陽の光合成に悪影響を与え、光合成を困難にし、それにより太陽は核力のスピンを強めて地球の温度上昇をもたらす恐れがあるからである。何でもかんでも燃やしてエネルギーを取り出そうというのは禁物である。水素社会をめざして経済成長を求めるのは間違いであることを肝に銘じるべきである。お金という偶像を崇拝すること、お金に対する盲目の愛から訣別しなければこの地球と人類は太陽の光合成を阻害して私たちは消滅するであろう。

7　ＳＤＧｓに足りないもの

神は私たちの行動に対して無言で誰一人分け隔てることなくサポートしているのであるから私たちもまた神を見習って無償の愛をもって、助け合い、幸せで平和な社会を築くべきであろう。経済的利益・成長を望むのではなく、太陽の心を読み取って清らかな心をもって社会貢献するのが人間の本来の姿であろう。それらのことを念頭にしてＳＤＧｓを見直すとＳＤＧｓの実現はぐんと確かなものとなるであろう。要は国連が太陽を神と認めるかどうかですべてが決まるであろう（これについては後述する）。ずばりＳＤＧｓに足りないものは、太陽の教えを受け入れることと脱貨幣制度の執行である。地球温暖化・気候変動は地球、人類の消滅を意味するものである。地球、人類の存続の時間は限られており、２０５０年にカーボンニュートラルをめざすというのでは完全に遅きに失するであろう。

8　お金もうけの競争による環境破壊

貨幣制度が存続し、金銭的利益追求、軍拡競争が続く限り、地球温暖化が深刻化し、地球は破壊されるだろう。お金には魔力がある。お金を求めて人々は経済活動を行う。結果として、CO_2が放出され、自然環境（目に見えない仕組みを含む）は破壊されるであろう。これに関しては、国連が経済活動を抑制すべきである。太陽の言葉によると、異常気象などは大事の前の小事だそうである。大事とは三次元世界の崩壊だと思われる。特に日本は災害列島ともいうべき国であるが、中でも水害が頻発している。アメリカなどでは森林の火災が起きている。これらは大気の異常化が原因ではないかと思われる。ニューヨークでは寒波が襲いかかっている。経済活動がこれ以上増せば増すほど様々な災害が発生するだろう。ハリケーン、竜巻などに見舞われるのは御免こうむりたいが、そろそろ過去の偉大さは追い求めるのをやめるべきではないかと思われる。

もし支配欲の強い人がお金をもっと社会は破壊されるであろう。お金もちは誰よりもお金もちになりたいと欲し、欲を満足させるためにお金を得る。彼らはお互いに過度な経済活動をし、そのために地球温暖化が加速される。このようにして大規模な経済活動が行われ、お金にならないことは放置され、お金に支配された社会は残酷な社会となる。社会とは本来、人間の心によってつくられるものであり、社会は私たちの心によって変えられるものである。

しかし、残念ながら現在の社会はお金に支配されている。それゆえ精神の破壊がおこり、物質的破壊（三次元世界の消滅）がおこる可能性がある。どれくらいの量のＣＯ$_2$が排出されると三次元世界が壊れるのかはわからない。とりあえずは、精神的破壊が伸展しないことが重要である。精神的破壊がおこると、人々は破れかぶれ、自暴自棄になり、社会は大混乱に陥るであろう。それに加えて、気候変動がどんどん進んで手がつけられないくらいに私たちを苦しめるだろう。神は無言のまま私たちが苦しむのを見ている。私たちはそろそろ気づくべきである。私たちは創造の中にいるのではなく、破壊行動の中で生きて活動していることを。楽しく毎日を過ごしていくのはいいことであるが、哲学のない楽しい毎日だけを求めるのは間違っている。色々なビジネスが現代の日本で繰り広げられているが、そういう社会はちょっとした出来事がきっかけとなって、一挙に精神的破壊と混乱を引き起こすであろう。お金もうけの競争は物質的、精神的崩壊へと至るであろう。

9　お金がないと何もできないというのは残念なことである

貨幣制度は私たちがしたいと思っていることを妨げてしまう。貨幣制度の欠点の一つは、お金がないと何もできないということである。貨幣制度のない社会を想像してほしい。ある人が汚い川を掃除したいと思っていて無償で川掃除をする。そしてスーパーマーケットで無料で食料を入手し、好きなことをして生活することができる。そんな社会こそが私たちの欲する社会ではなかろうか。おのおのが独自のやり方でささやかな社会貢献を積み重ねていくことで周囲の人々がその社会貢献に感謝するであろう。そうすれば、現在の社会のように年をとって仕事ひとすじで頑張ってきたのに孤独におちこみ、何のために生きてきたのかと疑問と落胆を感じることはないであろう。感謝の声がそこかしこで飛び交う社会が理想的な社会である。社会貢献になることなら金銭的報酬が得られなくてもしたいことをどんどんできるようになるべきである。

ところが現状では、私たちは貨幣制度社会にあわせて経済活動を行っている。靴に足をあわせて生きているようなものである。これでは私たちは何のために生きているのかわからないのではなかろうか。私たちが属している市町村ではシャッター街が生じているが、これこそは貨幣制度社会のなれの果てではなかろうか。大型ショッピングモールによって商売が成り立たなくなっているのであるが、不条理なことである。無慈悲な経済ルールによって私たちは金縛りを余儀なくされている。これ以上貨幣制度に縛りつけられていると、お金がものをいって私たちを苦しめ、豊かな心を打ち砕いてしまうであろう。

10　私たちはお金のための開発や経済活動をすべきではない

経済活性化のためにカジノをつくるのは間違っている。私たちは生活に必要なものをつくるべきであって、経済成長のためではない。人は人のためにあって、経済成長のためにあるのではない。社会は子供を育てるのを助けるべきであって、そのために経済成長を大きくするべきではない。私たちは貨幣制度のもとでは子供を育てられなくなったという問題点に気づいている。お金がものをいう社会では出生率は減少していくばかりである。

大規模な生産設備をもった会社は、機械や設備を稼働しないとそれだけ儲けが減って倒産に至るという考えによって、大規模生産を行っているが、内需を満たすだけでなく輸出してまでも生産しているのは行き過ぎではなかろうか。もしもそうしなければ倒産してしまうというのはお金が介在していることの結果であろう。せっかくの設備が倒産によって使われなくなるというのはおかしなことではなかろうか。経済的利益を出すために働くというのも間違いである。供給過剰になったら生産活動はやめにして需要が回復するまで生産停止をすればいいのではなかろうか。

私はアベノミクスというのが何を意味しているのかはよくわからないが、どのみち経済成長はこれ以上大きくなるというのはありえないことだと思う。経済成長を大きくしようとすればするほど逆に私たちはお金による金縛りになって身動きがとれなくなってしまうであろう。出生率低下も経済成長を大きくしていこうとするために起こっているのだと思う。

11　自費出版するための費用の捻出について

ここで私自身の話をしたいが、二、三年かけて本書を執筆している現状について気になることは、せっかくこうして神の教えや国連への注文を書いている本書がどうなるかということである。貨幣制度下で生きている以上はお金がないとやりたくてもできないことがあるのは否定できない事実である。もしかすると、太陽はこんな私のために奇蹟の準備をしてくれないかと思う昨今である。今のところはそれなりのたくわえで、詩文に精を出して任運清貧、風流の生活を続けているものの本音を言えば、しんどいもので、本書を自費出版する費用をいかにして捻出するかが現在の私の悩みの種である。何とかして下さい、神様。

12　個人レベル、国家レベルの社会貢献

自分は何のために生きているのかと疑問をもったことはないだろうか？　おそらくなかなか答えはみつからないであろう。しかし、貨幣制度のない社会でどのように自己実現し、社会貢献するのかを考える時が来るであろう。これまでは資本主義社会の中で利己主義に染められてきたが、これ以降はそれらにピリオドを打ち、すべての国々の、すべての市町村の住民が充実感をもって、お金に縛られることもなく、活発に仕事をし、余暇を楽しむ時が来た。仕事は義務ではなく、各人の社会貢献をしたいという意欲にゆだねられるべきである。どのようにして、どのような社会貢献をするかは人それぞれちがっているであろうが、それでよい。川の掃除であってもかまわない。利益を求めるのではなく、社会貢献をしようという意欲によって仕事をすることが求められている。全世界においてこのような社会を構築すべきである。

これまでの人類の歴史は国益と敵意および互いの脅威によって互いに争うという愚行を繰り返してきたが、貨幣制度廃止によって国益追求が放棄され、諸国がお互いの国に対して社会貢献するようになれば、私たちは平和な第３のミレニアムを実現できるであろう。神の教えによれば、

私たちは太陽の認識場を共有し、ものを考え、行動する存在である。この事実によってわかるのは、私たちがどのような存在であるかを知ることは何をなすべきかを知ることでもあるということだ。であれば、私たちは互いを愛し、国益優先という愚かさから解放されるべきであろう。めざすのは地球規模の友愛の世界である。

13　いかに生きるか？

いかなる社会でいかなる生活をするべきか？　第1篇で再プログラミングの話をしたが、教育によって教え込まれたことが自分にとって正しいと思われるかどうかを考える必要がある。烏合の衆になってはならない。貨幣制度の中にあって私たちは大切なものが見えなくなり、利益の出ないことは放置し、人間らしい心をなくしてしまっている。なんと嘆かわしいことか。もし貨幣制度のない社会で生活できるようになれば、貨幣制度社会の中では見えなかったものが見えるようになるであろう。目に見えないことの中に大切なものがある。精神の発達の度合いによって幸せの感じ方が違ってくるであろう。太陽の教えの理解と太陽神への信仰が進めば進むほどささやかな幸せに感謝して心が豊かになるであろう。豊かな心とは、感謝する心、人に対するやさしさ、あたたかさを有する心であり、さらに言えば、他人を思いやる心であり、人の幸せを祈る心である。人の上に立つ人は種々の長所短所をもった部下たちをあたたかな心で見守ってあげてほしい。

「賢く、やさしく、勇敢に」をモットーに頑張ろう。

14　国益のぶつかりあい

個人レベルにせよ、国家レベルにせよ、利己主義を強引につらぬき通そうとすれば争いへと発展するであろう。敵をへこまして勝利を得ようと互いが競争すれば個人レベルではあからさまな利己主義による争いになり、両者に協調精神の入る余地はなく、ひょっとするとだまし合いや謀略による争いになりかねず、人間としての良心は木っ端みじんに打ち砕かれるであろう。一方、国家レベルでの国益のぶつかり合いもまた様々な手段を用いての策略が繰り出されるかもしれない。私たちはこのような利己主義による対立構造からは抜け出して、善良な共通目標をもって互いの協調による共存の道を切り開くべきである。最終的には貨幣制度を廃して平和的な問題解決に邁進すべきである。

15　国際的競争は国際的協力に転換されるべきである

これよりは会社は国際的競争よりも国際的協力が必要である。その中心の場が国連であり、いずれは世界政府へと進化するべきである。確固たる哲学をもとに生産活動をすべきである。経済的利益や効率を追いかけると人間らしさがますますなくなっていく。私たちはお互いのしあわせのために働くのであって競争の勝利のためではない。世界の各国は国民にとって必要なものだけ作ればいいのではなかろうか？　経済成長はマイナスになるが、それは問題ではない。個人レベルでも国家レベルでももはや利益をむさぼることはあってはならないだろう。地球という住処を住みよいところにしようではないか。たとえば、国連が市場調査をしてどの分野でどれくらいの量のどんなものを生産すべきかを示して、各国の会社が製造をするというやり方で世界中の製造会社は生産をするといいだろう。できる限り、耐久性のある製品を作って、無駄な資源消費を避けるべきである。

利益ではなく共有するという考えが求められる時代が訪れている。しあわせを分かち合い、市町村に貢献をするという充実感が霊的進化にさらなる勢いをつける。貨幣制度がなくなれば、色々なアイデアが生まれてくるであろう。これを実現することで社会はお金にしばられることなく人間らしい生活を営むことができるだろう。

16　お金もちはお金を着ているように見える

もしある人がお金もちになれば、服が変わる。まるでお金を着ているように見えはしないか。室町時代の禅僧、一休は立派な服を着ていた。彼は宴会の席につくと、服を脱いでそれを立派なごちそうの前に置いて、となりの席に座った。「何をしているのですか?」とある人が言うと一休は「先日ボロ着をまとって来ると紙一枚と半銭をもらって追い返されたが、この服を着ているとごちそうが私の前に置かれた。なぜなら立派な服を着ているからだ。だから私はごちそうの前にこの服を置いたのだ」と言った。これは着る服によって差別された一休の体験談である。政治家たちはフォーマルウェア（背広）を着ているが、ラフなスタイルでも構わないと私は思う。どのみち貨幣制度が廃止されれば、上質の服を身につけることは何の意味もなくなる。大事なことは、内面的発達であり、神の教えを理解し、貨幣制度が廃止されれば、高価な服は無意味なものとなる。国連レベル、国レベル、市町村レベルで制服を制定するのも有益かもしれない。

17　高齢化社会における減少する出生率

出生率減少も高齢化社会も進行中である。女性たちの中には交際相手の給料が少ないために結婚をためらっている人たちがいるであろう。当人たちにとっては深刻な問題であろう。出生率減少のそもそもの原因は結婚するカップルが減少している面があるだろう。さらにまた高齢者を支えるために現役世代に経済的負担がかかることも婚姻率と出生率減少にかかわっているのではなかろうか？　また子供が生まれたとしても共稼ぎのカップルが子供を預ける施設が少ないことにも原因があるかもしれない。貨幣制度が廃止されれば、この問題は解決されるだろう。なぜなら、貨幣制度の廃止によって高齢化社会がもたらす経済的負担はなくなり、また出生率減少の要因となっていた育児環境（共稼ぎと託児所の不足）の問題点が消失するからである。出生率を増加させるためには、各市町村での住民全体の助け合いが必要である。高齢化する社会にとっても住民の助け合いが必要である。金縛りの社会では高齢化社会における対策も、出生率減少の防止策も行なえないであろう。

18　家事

お金に換えられるものと換えられないものがある。育児や家事は重要なものであるが、お金には換えられない。それらは利益を生じさせないが毎日やらなければならないことである。専業主婦（主夫）はぜひとも必要である。共働きはすべきではない。さらに多忙という言葉は死語となるべきである。特に育児に関しては、十分な配慮をもって行われるべきであろう。松田道雄著の『育児の百科』は育児の参考になる名著であろう。私は生涯独身で子供をもったことがないので大きなことはいえないが、大変な仕事だろうということは想像できる。ルソーの『エミール』は人間の理想像を描いたものであり、ルソーの思想の深遠さはわかるものの、あまりにも理想的すぎて実践的な思想ではないのが玉にきずかもしれないが、ものすごい著作であることは確かだ。

家事は家庭内の仕事である。やはり家事は女性が適しているように思われる。特に育児は女性の役割であろう。なぜなら、神は女性に乳の出る乳房を与えたからである。これはルソーの『エミール』に書かれている。これは決して性差別ではない。適性の問題である。女性は太陽に近い心をもっている。生命を慈しむ心をもっている。言葉になぞらえていえば、女性は母音である。それに対して子音は男性である。母音がなければ音にはならない。女性は太陽であるといっても過言ではない。女性の社会進出もいいが、女性が育児や家事を放棄したら、社会は成り立っていかないであろう。それは現在の少子化を見れば一目瞭然である。

19　貨幣制度廃止と消滅する会社およびギャンブル

もし貨幣制度が廃止されれば、お金を取り扱う会社は不必要になるだろう。たとえば、金融会社（銀行、保険会社）などがそうである。また、ギャンブル（競輪、競馬、競艇、パチンコ、スロット、カジノ）もなくなるであろう。また株式投資や宝くじなどもなくなる。金融会社の社員は失職することになるが、貨幣制度廃止はまだ遠い先の話なので心配は無用である。時間をかけて貨幣制度がなくなった社会について今からよく考え、どのように対処すべきかを考えておくべきであろう。

20　貨幣制度廃止のプロセス

貨幣制度廃止へと至る過程では、第3篇で述べるように貨幣制度廃止に反対する抵抗勢力と闘わなければならなくなるであろう。この闘いに勝利するにはどのような人材が必要であろうか？まず第一に、神の教えを理解している人であること、次いで人類の進化に貢献しようという強い意志をもった人であることだ。彼らは国連を中心地点として闘いに挑むであろう。貨幣制度廃止の立法化によって国連は貨幣制度廃止を遂行するであろう。彼らは世界人民の主人ではなく、世界人民の公僕として国際社会の平和と人民のしあわせのために生命と忠誠を捧げるであろう。

彼らはお金のために働くのではなく、権力争いに奔走するのではなく、国連を通して平和のための闘いに参加し、神の御心にかなった愛の実践を果たすであろう。貨幣制度廃止の施行へと至る過程においても、進化した国連の公僕である政治家または役人としてその務めを全身全霊で遂行するであろう。彼らはパウロの『コリント人への第一の手紙』(13の4)に記されているように、愛を実践するであろう。「愛は寛容で、情け深く、ねたんだりせずに高ぶるようなことはせず、誇らず、不作法をせず、自分の利益を求めず、恨みを抱かず、不義を喜ばないで真理を喜び、すべてを忍び、すべてを信じ、すべてを望み、すべてを耐える」ことのできる人がふさわしいであろう。パウロは強固な信念を貫き通したキリスト者なので、そこまで頑張ることはしなくてもいいだろうが、神への信仰は苦難に満ち溢れている。感情のコントロールが大変であるが、ささやかなしあわせを感謝する心を得て、それなりのしあわせを楽しむことができるので、彼らには頑張って信仰の道を歩んでいってほしい。

政治家と役人といっても、市町村レベル、県政レベル、国政レベル、世界(国連)レベルといったレベルの違いがあるが基本は一つである。それは愛する心と仕える心である。貨幣制度が廃止されれば、予算編成はする必要がなくなるが、その分、もっと国際社会や国内の社会において神の教えを常に忘れず、神の御心にかなう行動をとってほしい。理想を言えば、政治家として役人としていずれのレベルにおいても人々の見本となるべき行動をとるべきであろう。自らの言動に気をつけ、貨幣制度廃止の過程においても、廃止後においても、公僕として使命をまっとうすべきである。最大の責務は、いずれのレベルにおいても平和と秩序を守ることであり、貨幣制度廃止と武器製造禁止はその中心となるであろう。武器製造禁止の立法化は絶対に欠かせないものである。万一、戦争がおこる場合に備えて国連のみは武器の保有を認めるべきであろう。貨幣制度廃止と世界平和の実現はひとえに世界人民の公僕である国連の政治家と役人の勇気ある行動によって完遂されるべきであろう。

21　貨幣制度廃止と労働の意義

貨幣制度廃止といっても労働そのものはなくならないのは当然である。いずれは労働の意義が問われる時代がやってくる。人間にとって労働とは何か？　労働は自他のためにするものである。それは社会貢献である。地球規模での労働のあり方、哲学が問われている。金銭を介在させない労働により構築された社会を樹立すべきであり、そこで求められるのは自己開花である。すべての人それぞれに何らかの能力が与えられている。それを社会のために活かし、そうすることで自己開花することこそ人生の喜びである。旅行好きの人が大勢の人の旅行ツアーを案内することはいいことであるが、やりすぎはあってはならない。貨幣制度廃止の社会ではあまり過度のエネルギー消費活動はタブーだからである。社会活動はほどほどにしなければならない。過剰なエネルギー消費を伴うやりたい放題は慎まなければならない。ともあれ、労働そのものは喜びでなければならない。

22　マルクス・エンゲルス主義と貨幣制度廃止論

資本主義制度との訣別という点では、マルクス・エンゲルス主義と貨幣制度廃止論は考えが一致している（違っているのはあまりよくわからないが、貨幣制度の有無かもしれない）。『共産党宣言』の冒頭の文句「今日までのあらゆる社会の歴史は、階級闘争の歴史である。」は有名な文句であるが、はたしてこの文句は現代の社会にもいえることであるかどうかは、疑問である。現在の資本主義経済システムが問題なのは、拡大する経済格差と気候変動を起こす元凶であるエネルギーの過剰な消費が地球の破滅をもたらすということであって、19世紀のような繰り返される恐慌やブルジョア階級の崩壊とプロレタリア階級の支配と自己解放ではないことははっきりさせておかなければならない。貨幣制度廃止を決行する前にやっておかなければならないのは、国連によって太陽を神と認めることである。こうすることによって世界は一つとなり、各国一斉に貨幣制度廃止が可能となるであろう。

『空想より科学へ』では、資本主義から社会主義への移行は歴史的必然性を有するものであることが描かれているが、これは19世紀的時代背景による産物であり、現代にはあてはまらないものの、資本主義の崩壊という点においては必然である。マルクスもエンゲルスもどの著書においても強固な信念をもって著述したのであろう（確固たる思想、学問を構築するには、それに対する強固な信念の裏付けが必要である。たとえばマルクス・エンゲルス主義には唯物史観が根底にあったように）。イギリスでエンゲルスが目の当たりにしたブルジョア階級によるプロレタリア階級の労働搾取は彼にとって驚天動地のものであり、噴飯ものであったであろう。彼はもっぱら著述によって革命運動に邁進したのであろう。その意気込みは十分著書に漂っている。

23　３つの選択肢

私たちには３つの選択肢がある。１、資本主義の維持、２、共産主義革命、３、国連世界政府による貨幣制度廃止、である。

（１）資本主義の行き着く先、やりたい放題のエネルギー消費活動は地獄行き（地球の崩壊）である。私たちは地球温暖化と気候変動に向き合っている。具体的なパリ協定の実践が必要である。それに加えて経済格差が広がっているという事実がある。これも見過ごすことのできない問題である。マルクスやエンゲルスが共産主義革命に向かって頑張っていた姿が目に浮かんでくるような現代のご時世である。そろそろ資本主義を卒業する時が来たように思われる。

（２）共産主義革命を力づくで行おうとするのはあまり勧められないものであろう。共産主義革命というのは19世紀、20世紀のプロレタリアの死せるスローガンである。ソビエト連邦が共産主義国家として誕生したのは熟慮の結果ではなく、また資本主義経済の成熟の後に行われたのではないために自由主義国家とイデオロギー対立、軍拡競争によってついに力尽き、倒れてしまった。ロシア革命と共産主義思想の早すぎる合体がソ連の実態であったといえるであろう。

（3）私が勧めたいのは、国連世界政府が貨幣制度廃止を行うに際して国連がまず太陽を神と認め、世界政府となり、貨幣制度廃止を全世界規模で行うことである。一人一人が神から贈られた教えを真剣に受け止め、理解した上で、霊的進化を果すことが肝要である。現在の欲深社会から脱却すべきである。私たちの生活および社会は政府（および官僚）たちが制定する経済システムによって規定されている。それを見直す時が来たということである。過剰消費社会がやりたい放題で闊歩すればするほど自然破壊、地球破滅が早く訪れることになるであろう。

24　脱貨幣制度

今や各国が脱炭素社会をめざしているが
それと同様に脱貨幣制度の社会が
求められているのではなかろうか。
全世界のすべての人々がお金から解放され
拡大しつつある経済格差を解消し
環境破壊を停止させ
エネルギーの大量消費をなくし
太陽の光合成を守り
お金による金縛りの社会システムから解放されるには

貨幣制度の廃止が不可欠であろう。
最大の富を有するお金の奴隷のボスが
彼の下で同じくお金の奴隷と化した人々を
競争原理、市場原理という仕組みの中で競わせ、争わせ
莫大な利益を得ていることが許されるだろうか。
経済力、軍事力を誇示して
他国に対して優位な地位に立つのではなく
地球に存在するすべての国が一体となって
どのような「幸せ観」をもって互いに
協調するのかを問う時代が今、訪れているように思われる。
時代は今、変化の時を迎えている。
心のあり方が問われている。
光を取り戻して心を輝かせるには
心を盲目にさせるお金や貨幣制度を撤廃して
瞑想に励むのもいいかもしれない。
心とは何かを新発見するかもしれない。
その時、社会を見る目が変わるだろう。

不条理に満ちた社会の原因がお金であることに気が付き
住みやすい、幸せな社会にとってお金とは
まさしく百害あって一利なしのものと悟り
貨幣制度の廃止に思い至るであろう。
無償の仕事をし、無料の買い物をして
すべての食料や商品の存在に対しての
ありがたみに感謝するだろう。
全世界の人々が一丸となって社会貢献をして
脱貨幣制度の社会を築くだろう。
お金を介在させることなく
食料が得られ、日用品を取得できるため
個々人の「幸せ観」をもってして
脱貨幣制度下で社会貢献に自分なりのスタイルをもってして
邁進することができるだろう。
いずれ貨幣制度は崩壊するだろう。
市場原理によってお金が動けば
利益を生み出すところへとお金は集まる。

永遠にお金は利益を求めて動く。
お金を制御できるものは何もない。
恐慌が起きたり、バブルが生まれてははじけたり
経済格差を生み出したり
もろもろの環境破壊をまねくだろう。

25　新たなる社会貢献

自然の営為を守り
太陽の光合成を守ることこそ
社会貢献において最も重要なことである。
そこで脱貨幣制度の社会構築における
社会貢献論を考えてみたい。
本論はお金を社会から放逐することを
述べるものであり、これこそが
地球をお金の暴走から救済する策であることを論じるものである。
なぜかはわからないが国連は
ＳＤＧｓというものを生み出した。

持続可能な開発目標という意味であるが
実体は持続可能なお金儲けである。
資本の投資は利潤を得ることを目的としている。
資本家は利潤の確保に血眼になっている。
そのためには地球環境がどうなっても構わない。
その発電システムが太陽の光合成システムに何らかの
阻害になるかもしれないことについては無視して
利潤獲得のために暴走するであろう。
そこで必要になるのが新たなる社会貢献論である。
まずは貨幣制度を廃止することである。
社会生活全体を見渡せば
社会はお金で動くように構築されている。
これを変える必要があることはあきらかであろう。
すると社会は根本的に変わるであろう。
生活費のための労働ではなく
社会のための社会貢献という労働によって
心の平安に満ちた安らぎのある生活が始まるであろう。

新たな水素社会を導いても
それが果たして本当に社会の持続可能性に
つながるかどうかは疑問である。
脱炭素社会と持続可能な開発目標は両立するであろうか。
過剰なエネルギー消費は
たとえそれが水素などによるものであっても
太陽の光合成の阻害を引き起こし
地球は消滅するかもしれない。
本論は未知なる道行く平和地球号のための
方策を論じたものである。
今私たちに求められているのは
経済成長ではなく霊的進化である。
霊的進化の実現に欠かせないのが
太陽の教えを理解することである。
イエス・キリストが言ったように
神とお金の二つに同時に仕えることはできない。
お金に仕えるならばお金の暴走にひきずられて

暗黒の社会をこしらえることになるだろう。
最も重要な社会貢献とは
経済的利益追求とはまったく逆なものである。
太陽が構築している三次元世界も自然の仕組みも
目には見えないもので
心眼を開くことによって理解されるものである。
三次元世界の根源を洞察することによって
神意を悟り、神の愛には愛をもって
応えるべきだといえるであろう。

26　高次元は心の世界

至上最高の社会貢献とは何ら報酬を求めることなく
ひたすら磨かれた心をもって太陽との光のやりとりを行い
太陽のさらなる光合成にエネルギーを与えることである。
そのためには神の教えを学んで理解し
太陽のしもべとして生きる覚悟を抱き
金銭的報酬を求めないことである。

現代の政治家は経済的利益を重要視しているが
そのようなことはもはやあってはならないことである。
各国の国民も国益を振り回す政治家には
一票を投じてはならないであろう。
政治家の仕事は国民の生命財産を守ることであるといわれるが
その前に私たちは政治家に対して
金銭的報酬を得て貧富の差を生み出す社会の存続を
許してはならないように求めるべきであろう。
各国の国民が生きていくために
マネーゲームや金余りによるお金の動きは
まったく必要なものではなく
反対にまったく有害なものである。
政治家が言うように政治にはお金がかかるらしいが
何をするにしてもお金がかかるという社会のあり方に
私たちは疑問を抱くべきである。
そのような社会にはノーと言うべきである。
各国の国民も政治家に経済的利益を求めることなく

金銭的報酬とは訣別して
至上最高の社会貢献を行うべきではなかろうか。
各国の国民が変わらなければ
現在の腐敗した政治家や社会はこれまでのように
いつまでも続くであろう。
各国の国民は腐敗の根源であるお金儲けに
批判の目を向けるべきであろう。
私たちがまずすべきことは
心の持ち方を変えて心を見つめ直すことである。
「高次元は心の世界」という言葉があるが
これは内面の旅をすることによって理解されるであろう。
坐禅や瞑想をしてひたすら心を見つめれば
心の世界が高次元に属することがわかるだろう。
肉体や物的世界とは違う次元に
属していることがわかるだろう。
豊かな心とは何か。
それはささやかな幸せに感謝して

心の根源がある高次元とつながっていることを悟り
高次元でピカピカに光り輝いていることを
悟った時に心の平安を得て
太陽の光合成にエネルギーを送り返して協働し
目には見えないが地球存続、心の存続に
貢献することで現在の腐敗した社会や
お金にしか目を向けない精神の腐敗から脱却し
新しい健全な心や社会のあり方を見直すことである。
高次元で光り輝く存在となるためには
坐禅や瞑想をして心の仕組みを悟り
心の根源自体を光り輝かせる役目を果たすことが求められている。
それこそが社会貢献の根本であることを悟るべきであろう。
太陽の教えを理解し
心の根源とつながっていることを会得するには
多くの時間がかかるだろうが
あきらめることなく達成してほしい境地である。

27　幸せ実現

錬金術が消滅したように
経済学もいずれは消滅するであろう。
これ以後の経済活動は
無償の社会貢献に取って代わられるであろう。
願わくばそれに加えて世界各国から軍備の廃棄も
実現されてほしいものである。
いずれは世界各国の平和構築と
各国の国民個々人の幸せ実現が
それ以後の私たちの地球上での恒久の目標となる。
お金や軍備の存在は百害あって一利なしである。
太陽の光合成を含めた自然破壊は
私たちの幸せと平和をも破壊し
さらには地球消滅の憂き目を見ることになるだろう。
私たちは平和と幸せを求めている。
そのためには無償の社会貢献をして

お金に対する偶像崇拝を破棄すべきであろう。
ここで問題となるのは幸せとは
いかなるものであるかということであろう。
まず排除すべきことは欲深な心であろう。
ささやかな幸せに感謝することが必要である。
私たちはお互いの無償の社会貢献に
大いなる感謝の念をもって社会貢献に精を出すであろう。
それこそが私たちが求めるべき
生活のあらまほしき姿であろう。
お金の呪縛から解き放たれなければ
地球はお金の魔力によってひきずられ破滅へと至るであろう。

28　持続可能な光合成

誰がお金を考え出し
いつから貨幣制度を営み始めたのかわからないが
私たちはいつまで貨幣制度に固執するつもりであろうか。
それどころか高校の家庭科の授業で

資産形成の授業が始まろうとしているとは
何たることであろうか。
投資紙幣の大群がこぞって
投資先をめがけていくとどうなるか?
大いなる経済成長が見込まれるが
過剰な経済活動は大いなるエネルギー消費によって
太陽の光合成を阻害する恐れがある。
すべての起業家、CEOは経済活動をスローダウンして
会社とは何であるかを熟考すべきである。
どのような視点から考えるのか。
それは神から授けられた神の教えという視点からである。
太陽の光合成を阻害する生産物の製造は
決してあってはならないことである。
炭素や水素を燃やすことも同様である。
これ以後すべての会社の起業家、CEOは
よくよく考えるべきである。
最もいけないのは経済的利益に群がる経済活動である。

貨幣制度を廃止することによって
経済的利益を求めての経済活動は
ぜひとも控えてほしいものである。
太陽がスムーズに光合成して万物をあらしめ
持続可能な光合成がもたらされることこそ
私たちがめざすべき目標である。
ＳＤＧｓの窮極の目標は持続可能な光合成であろう。

29　貨幣制度へのレクイエム

現在、日本経済は大いなるジレンマに陥っている。
言うまでもなく国の借金は千兆円を超えており
それは増加の一途をたどっている。
借金を返済するためには経済成長が必要である。
ということは経済活動を活発にして
過剰なエネルギー消費をしなければならない。
それはとりもなおさず
太陽の光合成に何らかの影響があるかもしれないということである。

地球温暖化は手ごわい相手である。
二酸化炭素の排出量削減はもちろんのこと
水素やアンモニアを燃やすことも
太陽の光合成に影響を与え
地球温暖化の原因となるであろう。
私たちは今まさに経済活動を行えば行うほど
太陽の光合成を困難にして
人類や地球を滅亡へと追いやるかもしれない危機を迎えている。
借金返済をするために経済活動を増加することは
太陽の光合成を阻害するという
解決不可能なジレンマに陥っている。
それに加えて最近では
貯蓄から投資へという言葉が飛び交っている。
これは何を意味しているのであろうか。
経済活動が活発に行われれば
経済成長の達成とともに太陽の光合成が阻害されて
地球・人類の滅亡をもたらすという事態が

引き起こされるであろう。
となるとこれ以上の経済活動は
百害あって一利なしということになるであろう。
いよいよ貨幣制度という看板を
おろす時が来たようである。
貨幣制度の終焉に対して
聖なるレクイエムを捧げる時である。
無償の奉仕による慈愛に満ちた社会貢献策を
実践する時を迎えたのである。
今こそ貨幣制度から脱して
レクイエムを奏でる時である。
私たちが生き残るためには
太陽の光合成を助けるべきであって
滅亡を招く貨幣制度によって（生き残るべき）ではない。
貨幣制度へのレクイエムを奏でると同時に
無償の愛で社会貢献し
そして自他ともに幸せを願い

地球・人類・太陽の光合成の存続のために
社会に奉仕する道を選ぼうではないか。

30　お金の正体

神は存在するか否かと問われれば
私は存在すると答える。
同様に貨幣制度は存続すべきか否かと問われれば
私は存続すべきではないと答える。
なぜならお金の正体は諸悪の根源であり
あってはならないものだからである。
心の根源は太陽の認識場である一方
諸悪の根源はお金である。
お金は心の根源である太陽の認識場とのつながりに
悪影響を及ぼすことが懸念される。
諸悪の邪念が太陽の認識場に発生して
太陽の光合成が阻害される可能性がある。
またお金は利益を生み出す所へと集まり

経済活動が過剰に活発化され
金銭崇拝へと人を赴かせることになる。
人はお金を求めてお金に動かされる。
こんなことが無限に繰り返されて
太陽の認識場の使い方を誤って
お金という諸悪の根源にとりつかれてしまう。
私たちは今こそお金というものについて
考える時期に来ている。
多額の投資資金が様々な投資先に投入され
様々なものが良し悪しは別として
生産製造されている。
こうしたことがいつまで続くのだろうか。
「時は金なり」というが
これ以後はこの言葉は死語にするべきである。
というよりもむしろ時間は
お金とは正反対のものである。
金儲けにとりつかれた人たちの脳は

太陽の光合成を阻害する恐れがあるからである。
光合成が阻害されればされるほど
太陽は強い力をもって光合成を行い
強いエネルギーが放出され
地球温暖化の原因となることはいうまでもない。
今こそ脱貨幣制度をめざして一致団結する時である。
お金の動きをコントロールするすべはない。
市場原理という悪しき原理によってお金は動き回っている。
投資家は自分の考えに従ってお金を動かしている。
法的には何の違反はなくても
倫理的にはいかがなものかということがある。
このような投資家によってお金は動いている。
このようなことがいつまで認められるだろうか。
ＳＤＧｓによれば17のテーマがあるが
開発によって自然が破壊されていることには
言及されていないのはどういうことであろうか。
過剰に経済活動が行われれば行われるほど

光合成はフル回転を余儀なくされる。
それゆえに地球温暖化が加速される。
これ以後は金儲けのための経済活動は禁止されるべきである。
お金儲けは太陽の認識場において
どのような影響を及ぼしているのかを理解すべきである。
太陽の認識場はいつになれば愛の認識場になるのであろうか。
お金はそろそろこの世から退場されるべきだと思うが
いかがであろうか。
私たちがものを考えるのは
太陽の認識場を通して行われる光合成の一部であるが
太陽から地球人類に届けられた太陽の教えを
ちゃんと理解することがこれ以後の
太陽の光合成や太陽の認識場を守るための第一歩である。
そうすればお金儲けや国益至上主義からの
脱却が可能となるであろう。
お金の正体を見抜いて
お金に動かされる社会を変革することが

これからの地球人類の使命であろう。

31　賃金労働の廃止

今の世で生きていくためにはお金が必要である。
でないと生きてはいけない。
果たしてそれは正しいことだろうか。
私には正しいとは思えない。
なぜならお金を得るために
賃金労働をしなければならないからである。
さらには税金も支払わなければならない。
生きるとはどういうことかを
考えるべき時がやってきたと思われる。
私たちは神によって生を与えられ
この世に生まれてきた。
そしてお金がものをいう社会人の一人として
お金のために現役引退まで働かなければならない。
今回の太陽の教えによると

私たち万民は神の子であり
太陽の認識場を共有していることを考えると
労働（社会貢献）は無償で行うべきである。
なぜなら私たちはお金のために働くのではなく
社会のために社会貢献をするべきであろうと思われるからである。
投資、利益、賃金労働は
これ以上続けるべきではないと思われる。
会社の規模、収入の多寡によって
格差が生じるのはあってはならないことだ。
大企業と中小企業とでは賃金が違うが
これもまたあってはならないことである。
さらに長時間労働もあってはならないであろう。
これ以後はお金を得ない無償の労働によって成り立つ社会の
構築を行うべきであろう。

第3篇　世界の主役・国連（国連進化論）

1　国連の存在意義と理想とは何か？

国連は１９４５年に設立され、以来78年が経過した。ますます国連の重要性は増している。世界を統合する組織となるべきである。私が考える国連の求めるべき理想は平和と、自身がお互いのしあわせの哲学実践の中心地となり、神は太陽なりの事実を世界に広めることである。

今、私たちは平和、協力、精神的に進化した文明の時代を迎えている。私たちは正しい方向へと進むために理想が必要である。分別のある人類として私たちは平和へ至るか破滅へ至るかという岐路に立っている。物質的には現代のテクノロジーの恩恵を享受しているが、精神的には貧しいままで環境を破壊している。今や私たちは神から教えを学び、平和、協力、精神的に進化した文明へと社会を立て直す時に来ている。その中心地が国連である。国連はもはやなくてはならない存在である。世界の新政府となるべきである。

２　国連創設の理由

なぜ国連が創設されたのか？　それは神が、神は太陽であることを国連を通して人類に理解させて、世界に平和をもたらすためである。人類の長い歴史を経て、樹立77年となる国連は、世界規模の問題解決をはかる機関となっている。とはいえ、なかなか容易には解決され得ない問題を抱えている。食糧問題、人口問題、難民問題、環境問題など解決のめどはたっていない。その中でも気候変動問題は、看過できない問題である。なぜなら、本書でも述べてあるように地球の存続にかかわっているからである。私たちは目に見えない仕組みについてまったくの無知である。こうした状況を改善できるのは、神の教えを理解する以外にはありえない。そうすることで国連は進化し、私たち人類は無知と訣別して、お金のために働くのではなく、社会や人類のために働くという貨幣制度廃止を行い、お互いに思いやり、争いのない社会を実現できるであろう。

３　平和の樹立

平和とは世界各国が友愛と平等と自由によって結ばれ、霊的進化によって国際社会を構築することである。むろん、常備軍撤廃も必要である。これが平和を樹立するための国連の役目の一つであり、彼らが平和の構築のための法律を作成すべきである。これを実現するためには国連が神の教えを理解しなければならない。そしてそれを全世界に周知徹底させなければならない。神が地球の平和を望んでいるのは確実であり、それを可能ならしめるのも神である。なぜなら、平和を実現するための国連が存在しうるのは神の意図だからである。神は国連が神は太陽であると認めるのを望んでいる。平和のため神の教えを理解するため世界諸国は国連に従うであろう。国連が諸課題を解決するために世界諸国とともに歩むことは平和な第三ミレニアムの目標であり、あらまほしき姿である。地球の平和の樹立に必要不可欠なのは、太陽の助力である。それに加えて国連は世界の新政府に向けて変身する時を迎えている。神と国連新政府の協力によって、地球は平和の樹立に向けて歩むことができるであろう。平和の樹立と諸問題の解決は私たちに残された最大の課題である。万が一、平和のための闘いが必要となった時は勇敢に対処してほしい。

4　新しい時代は国連の進化とともにやってくる

何年待てば平和なミレニアムがやってくるのだろうか？　それは私たちの考え方、行動、神の理解と国連の進化によって決まる。早晩、国連が神の教えを受け取り、太陽を神と認める時が来て、国連は太陽が望むような国連になるだろう。今こそ国連は進化すべき時である。国連には3つの大仕事が託されている。それは、1、貨幣制度の廃止、2、太陽を神と認めること、3、世界政府となること、である。これらを果たすことによって進化がなしとげられる。

しかし、これらは超大変な試練である。私個人としては3つの大事業をやりとげるという使命を果たしてほしいものである。これらの試練を乗り越え、使命を果たすことが国連の進化である。力強く変身した国連こそがこれからの世界に必要である。好むと好まざるとにかかわらず、国連は世界の新政府となるべきである。国連の進化とは、世界の新政府となることなのである。国連加盟諸国はこの世界の新政府に最大限の貢献をすべきである。新政府樹立のプロセスは困難と希望に満ち満ちた道のりとなるであろうが、国連新政府は第三ミレニアムを愛と平和の色に染めるであろう。世界の新政府となるまで「頑張れ、国連」のエールを送りたい。

５　精神文明

21世紀は物質文明から精神文明への転換の世紀である。これまで人類がなしえなかった平和構築と諸国協調の世紀でもある。貨幣制度のない新たな社会様式を打ち立てる時である。貨幣制度の廃止は社会を根本から変えるであろう。先進国といわれる国々も精神的にはいまだ発展途上のサルである。霊的進化と太陽の認識場を愛の認識場へと作り上げることによって確固たる精神文明はゆるぎないものとなるであろう。脱貨幣制度、脱経済成長の理解こそが精神文明をもたらすために最も必要なものである。誰もが来たる精神文明の一員として輝きを放つ霊的進化こそが世界を変えていくだろう。光合成とは無から有へとあらしめ続けることである。太陽の光合成を理解することがすべてを変えるであろう。

6　三大ミレニアム計画の実践と順序

三大ミレニアム計画とはこれまで何度も述べている、太陽を神と認め、貨幣制度を廃止し、国連が世界政府となることである。この書によって神の存在と正体を知らされた国連は何をたわけたことをと一蹴するかもしれない。しかし彼らの中には理解できる人もいるかもしれない。そしてこの書および神の教えは世界に向けて発信されるかもしれない。神の教えの周知徹底にかなりの長い時間が必要とされるであろう。国連を含めて国際社会は太陽を万物を創造した神と認めるべきで、国連は早晩、太陽を神と認めざるを得ないだろう。問題は、貨幣制度の廃止である。これは神の教えではなく、私が勝手に考えたものである。国連が太陽を神と認めたとしても貨幣制度廃止はそれ以上の難題である。お金によって動かされ、振り回され、争わされてきた私たちである。神の教えによって神の万物創造の真実を知った私たちはお金による社会の運営を停止して貨幣制度廃止に同意するかもしれないが、反対者も大勢いるにちがいない。これを解決するには時間をかけることしかない。声高に訴えれば命も危ぶまれることも予想される。言い続けるためにはそれなりの覚悟が必要かもしれない。とはいえ、私たちは神から教え（知恵）をいただき、霊的進化を余儀なくされている。太陽からのメッセージを受け取っている日本人女性からの私宛ての手紙には、社会に男らしい貢献をするようにと神の言葉が書かれており、何をどうすればいいのかと考えているうちに22年が経過した。英語の勉強をしたり、翻訳された外国の哲学書を読んだり、いくつかの語学に励んだり、しばらくは時の流れに身を委ねていようと思っている。

7　国連は貨幣制度を廃止すべきである

貨幣制度の廃止には国連のリーダーシップが必要である。貨幣制度を廃止するとなると、超大変革である。これは世界的規模で行わなければ意味がない。そのための旗振り役は国連が引き受けるべきである。お金がないと何もできない状態に国連は置かれている。この状況を打ち破る方法は一つ、貨幣制度を廃止することである。そうすれば、国連も自由に活動できるようになると思われる。さらに貨幣制度の廃止によって多くの問題が解決される。兵器製造会社の工員は貨幣制度廃止によって兵器製造から解放されるであろう。兵器がなければ、自爆テロはなくなる。自動車によって人込みの中へ突っ込むテロは防ぎようがないが、爆弾テロはなくなる。さらには、地雷もなくなる。軍拡もなくなる。麻薬の製造密売もなくなる。あらゆる犯罪がなくなるであろう。それらはみな金銭的利益のために行われているが、貨幣制度廃止によって利益は得られなくなり、自然消滅するであろう。

問題はいかにして貨幣制度廃止を実現するかである。そのためには、貨幣制度を廃止すべきであるという国際世論を形成すべきである。それができれば、あとは世界各国が一斉に貨幣の利用を放棄すればいい。貨幣制度廃止に対して様々な抵抗が現れるかもしれないが、どのような抵抗に遭遇しても貨幣制度の廃止は必ず成し遂げなければならないものである。国連は貨幣制度廃止を宣言して実行に移すであろうが、賛同しない国々や人々には十分な説明をして理解と協力をしていただくべきであろう。

8　国連は世界の警察の役割を果たすべきである

貨幣制度廃止への移行にあっては、あらゆる抵抗を想定し、そのためには国連独自の軍備が必要かもしれない。また抵抗勢力たちはお互いに結託してテロや破壊工作を繰り出してくるかもしれない。それに対して毅然とした態度を維持し対処しなければならない。このような心配は杞憂であってほしいが、ぜひとも世界の多くの人々が霊的進化を果たして貨幣制度廃止を理解して援助の手を差し伸べてほしい。こうして国連は世界の警察として役目を果たし、貨幣制度廃止の英雄となるであろう。わが日本の自衛隊も世界各国の軍隊も平和の鐘の音を響かせるために必要とあれば軍事援助をしてほしい。心あたたまる社会構築のための貨幣制度廃止に援助の手を差し伸べてほしい。

国際社会は平和と貨幣制度廃止という共通の目的のために立ち上がるべきだ。お金に魂を売ることはやめて、人間として賢く、やさしさを共有するべきである。神、太陽の意をくんで人々は互いに愛の心で結ばれるべきだ。金銭的利益によるしあわせではなく、世界的規模の平和によるしあわせを分かち合ってほしい。平和へと至る道においてどのような山があろうとも乗り越えていくべきだ。国連は今、平和構築の責務において闘いを余儀なくされているが、それは堅固な意志によって遂行されるものだ。それゆえ国連警察のもてる能力を信じることなくしてはなしえないものだ。頑張れ諸君、眼前に控えている平和の旗に愛の心を捧げてほしい。

9　最後の闘い

人類にとっての最後の闘いは貨幣制度の有無、各国の軍隊の解体をめぐっての闘いとなるであろう。そして私たち（貨幣制度廃止を断行する者たち）は絶対に勝たねばならない。もし私たちが負ければ地球はお金によって支配されて地球破壊が続き、やがて自然の破壊とともに私たちは滅亡するであろう。拙著が未来の平和な地球の存続に役立てば幸いである。転ばぬ先の杖としての役目を果たすことがこの書の目的である。この世が天国になるか地獄になるか、または地球が滅亡するか否かが私たちに問われていることを自覚し、真摯にどの道を歩むかを選択していただきたい。

10　国連の活動の発信

国連は国際世論形成のためにマスメディアに活動内容（「国連ニュース」）を発信すべきである。世界が一つになるために存在する国連がどんな活動をしているのか世界中のほとんどの人は知らないのではないか。国連の活動を理解すれば、人々は自分たちが一つのボートに乗っていることを知るであろう。おそらくだんだんと国連に関心をもつ人々は増えていくであろう。特に国連が神の教えについて話し合っている場面が放送されたならば、世界中の人も理解してくれるであろう。三大ミレニアム計画に関するニュースを世界中に流すことで、世界の人々は問題山積の世界にどのような貢献をすべきかを熟慮し、行動する際の重要なきっかけが得られるであろう。「国連ニュース」では、現在の科学の進捗ぶりを放送することで「神の教え」の一層の理解を深めることができるであろう。

11　国連は太陽を神として認めるべきである

天地創造の神は太陽であることが国連によって承認されれば、地球の運命は安泰であろうと思われる。現在のところ、私たちは太陽が神であることを知らずに、世界を平和的に治めようとしているが、安全保障理事会の国々がもつ拒否権によって重要案件が議決されずに国連の無力さを露呈している。ある国がある国に武力侵攻をして砲撃を打ち込んで破壊行為を繰り広げても、国連は拒否権をもった国のために戦争犯罪を食い止めることもできないという国連の機能不全の深刻さを物語っている。そんな国連が救われるにはどうすべきであろうか。それにはまず国連が太陽の教えを学び取って太陽を天地創造の神として認めるべきである。国連加盟国のうちの何ヵ国が太陽を神と認めるかはわからないが、とりあえずは色々なことに対する人類の無知から脱して私たちの存在がどのようなものであるかを知ることが未来に対する羅針盤となることは疑いないであろう。

国連に対しては様々な注文をしたいところであるが、果たして国連は前向きに、そして真摯に太陽の教えを学んでくれるだろうか。太陽の教えを学ぶにはこれまでの物の考え方、古びた間違った常識をリセットしてゼロから再スタートをしなければならない。たとえば経済や軍事などの既存のものが私たちの新たな、そして平和な国際社会の構築の妨げになっていることに目を向けなければならないであろう。国連に対する最大の注文は、霊的進化を果たしてほしいということである。今や人類は霊や生命、宇宙の仕組みを学び、霊的な目覚めの時を迎えているからである。

12　大国のエゴに終止符を

広大な領土と多大な人口を抱える大国は経済的、軍事的に突出したパワーをもって世界に君臨しているが、それは果たして未来の地球のプラスとなるであろうか。太陽が行っている光合成に過剰な負荷をかけるような経済活動をすれば太陽の光合成はさらなる核力のスピンを増やすか、または光合成が不可能な状態におちいり、私たちは消え去る運命を迎える。大国は責任ある国家として太陽の光合成とはどのようなことであるかを理解しなければならない。アンモニアと水素からエネルギーを取り出すということは太陽の光合成や太陽が発している時間の波（粒）を阻害し、三次元世界に崩壊をもたらすものであるということを知らなければならない。アンモニアや水素からエネルギーを取り出すことは太陽の光合成を阻害することであり、持続可能な光合成ができなくなることを意味している。大国はこれ以上の経済活動をやめて、エゴ（やりたい放題）を剝き出しにすることを控えるべきであろう。

13　国連加盟諸国はお互いにどのような関係を築くべきか？

私たちは神の教えに従って隣人を愛するべきである。経済発展の行き着く先が軍備拡大の競争であってはならない。経済発展と軍備拡大は死語となるべきである。強力な軍備をもっても、地球が消滅してしまっては何の役にも立たない。軍備拡大をして大国になろうとするのは最も危険な火遊びである。地球の破滅を回避するためには隣国同士、諸国間の友愛が必要である。経済競争も地球環境にはマイナスになるであろう。国際社会はいまだ神の教えを知らずに破滅的活動に突進している。難民、軍拡、人口増加、環境破壊などはその証拠である。これらを解決するにはそれらの原因である紛争、大国志向、強欲な経済的利益の追求、、大規模な経済活動などの停止が求められている。国連の場でお互いの国益をめぐって議論するのではなく、友愛の心から話し合い、紛争や地球破壊にピリオドを打つべきである。

14　国連加盟諸国と国連はどのような関係にあるべきか？

今や国連は世界の新政府として羽ばたく時が来た。その目的は地球の平和と存続である。日本の歴史でいえば、明治新政府のようなものである。世界各国は国連で地球の平和と存続のための議論をすべきである。世界の新政府をつくるためになすべきことは多いであろう。国連新政府は恒久的な平和実現の最後の砦である。国連が最後の砦として地球平和と存続に貢献できなければ、地球は紛争や環境破壊によって最期を迎えるであろう。そうであってはならない。国連加盟諸国と国連は一心同体である。この友愛の絆こそが世界平和の原動力である。

15　国連加盟諸国はどのような哲学をもつべきか？

哲学とはある問題について考えて答えを導くことである。個人レベル、国家レベルで哲学することが必要である。神の教えは私たちに真摯な哲学を促すであろう。貨幣制度廃止の実現において私たちはどうあるべきかという問題につきあたるであろう。仕事は義務というよりも各人の社会貢献をしたいという意欲にゆだねられるべきである。そうすることで私たちはさらなる人間らしい社会をつくることが可能となるであろう。現実の社会では様々な情報が氾濫し、それに振り回されている。しかし、ここで一度、自分自身を見つめなおし、あるべき姿を見極めて、再プログラミングすべきである。個人レベルにおいても、国家レベルにおいても、自分の立ち位置を考え直し、自己の哲学を実践に移すべきである。

16　国連加盟諸国はいかなる理想を追い求めるべきか？

国連加盟諸国にとっての理想とは何か？　すべての人々が健全な哲学に基づいて社会貢献をす

ることであり、すべての国々が平和的な議論を積み重ね、平和的な活動をすることである。世界が友愛に結ばれた平和こそが国際社会にとっての理想の最たるものである。世界には色々な主義主張の人々が存在していて独自の主義主張によって活動しているが、平和に対する脅威とならなければ、容認されてしかるべきである。そうしてこそ多様性のある社会が平和裏に存続するであろう。国家レベルにおいても、多様性があってもよいだろう。とにもかくにも、私たちがめざすべきは、国連を世界の新政府と認めることである。国同士がお互いに世界に対して社会貢献すべきである。理想は高いほどよい。個人レベルにおいても十分に時間をかけて自己実現をしてほしい。

17　国連加盟諸国はどのようにして三大ミレニアム計画を達成すべきか？

神の教えを理解するのは難しいかもしれないが、この理解なくしてはことは前に進まないだろう。国連はまず第一に太陽を神と認めなければならない。以後、貨幣制度廃止が断行されるであろう。仕事は義務ではないが、各人の社会貢献をしたいという意欲にゆだねられ、過労死を招くようなハードスケジュールな仕事の仕方は放棄されるべきだろう。私たちは落ち着いて社会の在り方を再考せねばならない。とりあえずは、全世界で試験的にお金を介在させずに仕事をし、日常生活を行ってみて、どのような問題点が生ずるかを調べるところから始めてみよう。

うまくいくかどうかを見極めるには時間がかかるであろう。小さな問題点が生じた時点でどのように対処すべきかを皆で考え、世界各地の武器製造会社の社員はとりあえず仕事をせず、他の仕事につくべきであろう。仕事がなければ社員同士で話しあいをして、何をすべきかを考えてみるべきであろう。一方、貨幣制度廃止に反対する人たちを監視し、紛争を起こすのを防がなければならない。もし紛争が起こったならば、国連警察および国連軍がこれに対処し、貨幣制度廃止後の社会の治安、平和維持につとめるべきである。

18　国連加盟諸国はどのようにして地球の破滅から脱するべきか？

神の教えを理解できなければ、貨幣制度廃止の目的も理解できず、さらなる経済活動によって地球は破滅するであろう。逆に言うと、神の教えが理解できれば、貨幣制度の廃止の目的の一つである地球環境の保護が達成され、地球は存続が果たされるであろう。なぜ私たちは経済成長に固執するのであろうか？　もし私たちが地球の破壊から脱出したいのであれば、私たちは経済成長願望を捨てなければならない。神の教えの理解から私たちは再出発しなければならない。国連において私たちは神の教えをもとに地球存続のための案をひねりだすべきであろう。過度な経済活動を低減させ、軍備撤廃を行い、武器の製造を禁止すべきである。経済活動による自然破壊（目に見えない仕組みの破壊を含む）と貨幣制度廃止の反対勢力の二つが地球破壊の二大原因であるので、これらをストップさせるための闘いに私たちは勝利しなければならない。

19　地球破滅の危機のさなかにあって最終的な最高責任者は誰であるべきか？

前述した通り、私たちは今、大規模な経済活動のために地球の破滅のさなかにいる。問題はこのような事態に対して責任者不在の状態にいるということである。この問題に対する解決策は国連新政府という世界の新政府を樹立することである。この国連新政府が責任をもって種々の問題や課題に対して取り組むべきである。地球破滅の危機のさなかにあって国連新政府が最終的な最高責任者になるべきであろう。各国の主権は制限されるであろうが、地球の破滅から脱却するには、各国の私利私欲は放棄されるべきである。

私たちが住んでいる時空間（三次元世界）は無限に与えられているものではない（時間は無限にあるものではないということ）。それは私たちと太陽の協同作業によってつくられているものである。よって、世界各国は現在の利己的な考えは捨てねばならない。これは冗談でもフィクションでもない。私たちが存続していくためには国連新政府を中心とした平和な惑星であることが求められている。現在の安全保障理事国システムは撤廃し、新たな審議システムを構築すべきである。自分勝手に拒否権を行使して自国の国益を図るという行為は無責任である。私たちは既存宗教を信仰しているが、それは修正されるべきであり（第４篇「宗教との訣別」参照）、それと同様に現在の政治システムや行動基準（国益優先主義）も改められるべきである。

20　国連は世界政府となる

「人類共通の夢」があるとすれば
それはどのようなものであろうか。
すべての国々のすべての人々が
求めているものは何であろうか。
今のところこのような問いかけに対して
明確な答えはないであろう。
私たち人類がどのような存在であるかを知ることによって
何をなすべきであるかがわかるであろう。
まずは私たちは太陽の光合成によって生まれ
存在し、成長しているということを知るのが第一歩である。
そうであるとすれば、
私たちは神の子としてあるべき姿、理想像を考え
それらの目標に到達するように
個々人がそして地球人類全体が
神の子として目覚め、理想像に近付くべく挑戦すべきであろう。
今や世界中がＡＩ、デジタル化や脱炭素の論議で

花盛りであるのはけっこうなことであるが
地球に降りかかっている課題の解決に
有益であるかどうかはわからない。
前述した通り、何かが太陽の光合成を阻害すると
太陽は光合成を強引に行おうとして
その結果、強いエネルギーを放出して
地球温暖化現象をもたらすことになる。
そうなれば、脱炭素化社会の実現は無駄になる。
多額の投資が無駄になって終わるだろう。
そして太陽の光合成を平常状態に戻すには
どうすればよいかを考えることになる。
頭の中をリセットして考える時が来た。
あらまほしき世界が訪れる。
お金がなくなり、軍事兵器もなくなる。
紛争や人権侵害もなくなる。
ロボットが増えて、人間の労働を
手助けしてくれる時が来るかもしれない。

いつかは「人類共通の夢」ができあがるだろう。
世界中の人々が平和と幸せを求めて
脱貨幣制度の社会が実現するであろう。
世界中の人々がそれぞれの幸せ観をもって
お互いに真の平和や幸せ観をもって
意思表示をする時、社会は変わるであろう。
またその時こそ、世界の中心的組織として
国連を世界政府とするかもしれない。
今は２０２３年だが
人類が霊的進化をめざして
いずれは奇跡の年を迎える時が来るかもしれない。

21　SDGsについて

いずれ世界政府となるという大きな仕事が
課されている国連であるが
その国連から掲げられている
ＳＤＧｓ（持続可能な開発目標）をもとに

人類の未来を考えてみよう。
目標1の「貧困をなくそう」と
目標2の「飢餓をゼロに」は
脱貨幣制度によって実現されるであろう。
なぜならお金のいらない世界になれば
無料で食料などが得られるからである。
また個々人が無償で仕事をし
貧困や飢餓から脱することができるからである。
目標3と4の健康、福祉、教育の提供は
脱貨幣制度のもとで無料で行うべきであろう。
目標5の「ジェンダー平等を実現しよう」は
互いの性に対する尊重によって実現するであろう。
目標6や7の安全な水とトイレやエネルギーの提供は
貨幣制度が廃止されれば実現するであろうが
エネルギーについては中長期的な議論が必要であろう。
目標8の「働きがいも経済成長も」では
経済成長にこだわることなく

社会貢献として無償で働くべきであろう。
目標９の「産業と技術革新の基盤を作ろう」では
太陽の光合成を阻害しないような
配慮が必要であろう。
目標10では不平等をなくそうということであるが
万人神の子として私たちは全員平等であることは言うまでもなく
すべての人が神の子であるという自覚が必要であろう。
すべての人が太陽とつながっているのだ。
目標11、12の住み続けられる街づくりの実現と
つくる責任と使う責任の持続という目標では
資源の徹底したリサイクルを行うべきであろう。
目標13では気候変動に対して
具体的な目標を実践するようにということであるが
次の目標14や15のように
海や陸を守ろうという目標とともに
これらは地球の死活問題なので
最大限の努力をして解決に臨むべきであろう。

目標16では平和と公正を
すべての人々にということであるが
これを達成するためには
各国の武装を禁止し、武器の製造売買を禁止することを
国連は各国に厳命するべきであろう。
目標17ではパートナーシップで
目標を達成しようということであるが
神の子としてすべての国々と人々が協調して
地球の運営にあたるべきであろう。
以上がＳＤＧｓの大まかな内容であるが
その達成のためには貨幣制度の廃止が不可欠であろう。
貨幣制度が存続したまま行おうとしても
解決には至らないであろう。
人間が利益追求を求めてお金を動かす限り
お金は過剰に利益をむさぼる力を保つだろう。
だが行き過ぎは禁物である。
過ぎたるは及ばざるがごとしという通りである。

お金は社会を滅ぼす元凶となるであろう。
経済成長を追い求め、追いかけているとサステナブル（持続可能な）どころか
存続できずに消滅するであろう。

22　国連による新たなる社会構築

私たちは軍隊の存在に疑問を持つべきである。
私たちが守るべきものは愛の認識場であって
軍隊は愛の認識場にとって迷惑なものであり
有害無益なものである。
私たちの目標は愛の認識場を光で満たし
霊的進化を果たすことである。
核兵器や軍隊の廃絶は
国連によって議論されるべきであろう。
国連は太陽を神と認め
愛の認識場の浄化を促進させ
すべての国家に対して国家再編を申しつけるべきである。

すべての国家を変えなければならない。
人類の存続にとっていま現在の国家体制は
百害あって一利なしである。
国家が国民からお金を集めてそのつかいみちを議論し
経済的利益で国家を運営するというのは
太陽の認識場を不浄にする行為である。
国連も同様に各国から資金を集めて
運営しているというのは滑稽な姿である。
神から与えられている霊を
どのように活用するかが問われている。
人類に対する神の愛は人類にどのような愛として
受け止められているのだろうか。
過去の宗教にその答えを探し求めても
それはまったくの徒労であろう。
人類も国家も過去から受け継がれている古い考えや
習慣や制度と訣別する時を迎えている。
貨幣制度もしかりである。

私たち人類が太陽の認識場によって
認識活動をしていることがわかったならば
それは私たち人類の新たな歴史の
一ページ目に国連主導の人類史を書き記す時である。
国連がまず人類変革のための行動を起こす時である。
私は国連とは縁もゆかりもない人間であるが
国連にはぜひとも太陽の認識場の存在を理解し
愛の認識場へと人類が一丸となって創り上げていく決意を
表明していただきたいものである。
今後は人類全体が試練に立ち向かい
それぞれの使命を果たすことになるだろう。

23　軍備撤廃による脱軍事的脅威

私の考えでは日本は国際社会において
率先して世界の平和を導くための国として
太陽から指名された国であると思われる。
国際社会の社会貢献隊の一員として

国連の核兵器禁止条約を批准して
核のない世界の実現に向けて
本腰を入れて邁進していただくことを日本国に望んでいる。
国連にも社会貢献隊の一員として
世界平和の先導役を果たしてほしい。
日本は自然の営為を守り
太陽の光合成を守ることとともに
核兵器をもたないことを宣言して
本気で世界平和に貢献するべきであろう。
人類に対する太陽の愛に気づくことによって
私たちは愛をもって地球で共存する使命を
果たさなければならない。
世界の人類全体が行うべき第一の務めは
自国の軍備撤廃をそれぞれの国において断行することである。
戦争を求める人はもはやどの国にもいないであろう。
それならば軍備はどの国においても必要性はないであろう。
もしも核保有国に独裁者が現れ

破れかぶれになり
核使用のおどしをかけた時
世界または国連はどう対処をするべきであろうか。
国連は核武装をすることの脅威を
取り除くための場を提供するべきであり
これに真っ先にとりかかるべきであろう。
核という脅威、抑止力は地球にとっての脅威でもあり
抑止力とはならないであろう。
核兵器使用の一線を超えることは
地球滅亡の始まりとなるであろう。
日本は国連とタッグを組んで
核廃絶に向けて奮闘すべきであろう。
神、太陽はそれを望んでいるのではなかろうか。
核兵器に限らず通常兵器も
製造、売買を禁止すべきである。
各国の国民は自国での兵器製造、売買を
禁止するよう尽力すべきである。

脱兵器製造売買は
すべての国々が果たすべき責務である。

24　太陽と人類の無償の愛

私は三つのことを国連に提案したい。

一、　太陽を神と認めること
二、　世界政府となって世界を平和に統治すること
三、　貨幣制度を廃止し、地球環境を守ること

以上の三つのことを実現させるために
世界の人類は太陽の教えを理解しなければならない。
天地創造の神、万物の創造主が
太陽であることを認めてこそはじめて
私たちは人間としての本来のあり方を理解し
なすべきことを知ることができるのである。
そのような認識があってこそ

国連が世界政府となり
貨幣制度廃止の必要性が理解されるであろう。
これらのことが達成できるよう個々人が尽力することこそ
私たちがなしえる社会貢献の最たるものである。
考えてみれば神の愛は無償の愛である。
何の見返りも求めずせっせと人間たちに
意識や認識能力を授け
それぞれの行動をサポートしているのである。
私たち人類も太陽に見習うべきである。
未来永劫にわたって生存していくためには
無償の愛の輪を作ることが必要不可欠である。
とはいえ大きな懸念がある。
すべての国がそろって神の教えを理解するとは限らず
現在の国連から国連世界政府への進化に
拒否反応を示す国があるかもしれないということである。
今や国際情勢は混沌とした状態であるが
とりあえずは世界政府となる前に

神の教えをじっくり研究し、理解して
その構築に賛成する国だけで
国連世界政府を樹立するのも一つの方策である。
それ以後、時間の経過とともに
国連世界政府に加入する国が増えていくかもしれない。
平和への道は想像以上にきびしいかもしれないが
核軍縮への着手とともに
戦争のない核兵器のない平和な世界へと
歩む以外に私たちのとるべき道はないであろう。

第4篇　宗教との訣別

1　宗教との訣別についての結論

宗教（主にキリスト教とイスラム教）との訣別について先に結論を言えば、神（宗教）は嘘、偽りをもってして信徒を救おうとしたということである。つまり、神、太陽は永遠の生命を与えるから、天国へ行かせてあげるから、この宗教を信仰しなさいと言っている。現代では考えられない約束である。もはや宗教は存在意義を失っている。ご褒美をちらつかせて、神の教えや法を説くのは現代人にとっては、非常識至極であろう。それゆえ宗教との訣別は現代人にとっては当然なことである。

2　宗教とは何か？

宗教とは人と神を結びつけるものである。また宗教を信仰するということは、神の教えを真実であるとして受け入れ、戒律を守ることである。純粋に宗教といえるのは、ユダヤ教、キリスト教、仏教、イスラム教などである。これらは神によって創造された宗教である。人間によって勝手につくられた神（バアル神など）や宗教は邪教である。何によって人と神は結びつけられているのかというと、それは神からの言葉である。神の教えは言葉によってあらわされる。「言葉は神なり」という言葉こそ神と人とがつながっていることを示す言葉である。また万物が存在しているということは、万物を創造した創造主が存在していることを示すものであり、無神論は間違っているということである。現在の科学では、神なる存在や宗教を研究の対象外においているが、そのような科学はいつまでたっても万物存在について解答は得られないであろう。今や科学そのものの進化が問われていると考えるべきである。

3　宗教の使命と役割

宗教の使命と役割とは何かというと、創造主太陽の信仰を通して信者に善悪をわきまえさせ、正しい道を歩ませることである。特にキリスト教、イスラム教では最後の審判が行われ、天国へ行く者と地獄へ落ちる者や、永遠の生命を得る者がいると説法されているが、これは前述したように、科学の進歩していない時代の常套文句である。もはや現代においては、最後の審判、天国、地獄などに言及して、神の教えを説いても効果はないであろう。なぜならば、科学的にみて、それらはありえないからである。つまり宗教は現代においてはその使命と役割を終えたということである。これから先の人類は既存の宗教と訣別して、新たな神のメッセージを理解し、新たなルールによる哲学の樹立をする以外に道はないであろう。

４『創世記』第1章から第3章の謎

神は太陽であることを前提にして『創世記』を読むと、明らかに間違っている記述があることに気づく。『創世記』第1章では、神は「われわれ」にかたどって人を創造したと記されているが、これが間違っているのは明白である。なぜなら天地創造、人類創造を行ったのは太陽であり、人間の姿をしていないからである。第３章では、「主なる神」がエデンの園の中で歩まれている音をアダムとエバは聞いたと記されているが、これも間違っていることは明らかである。太陽がエデンの園を歩くことはありえないからである。そもそもエデンの園や命の木、善悪を知る木が実在したのかどうかも疑問である。食べてはならない実をつける命の木、善悪を知る木を園の中央に生えさせたというのはおかしな話である。『創世記』著者はどのような意図でこのような間違ったことを書いたのであろうか？　人間は霊によって神（太陽）とつながっており、神によって創造されたのであり、サルからヒトに進化をもたらされた存在である。人間がちりからつくられたというのはおかしな話である。サルから進化したのであって、ちりからつくられたと記述しているのはなにゆえであろうか？

５　人類の誕生について

私は人類の誕生については次のような考えを抱いている。すなわち、神はいわゆる「アダムとエバ」以外にも大陸や島々の随所にも人類を創造していたのではないかということである。そしてそれぞれの人種に固有の言葉を与え、話すことを可能にしたのだと思われる。言葉を与えられたことによって考えるという行為が可能となる。これこそは二足歩行とともに人間の有している能力の最大の特徴であろう。精神的進歩によって人類は善悪を知ったが、感情のコントロールは至難のわざであって、善の道を歩む自制心を失い、悪を行う感情のとりことなり、この世に悪がはびこった。善悪とは何か？　善とはすなわち慈愛、感謝、寛容、忍耐、向上心、柔和、勇敢、奉仕、誠実、清賢、努力、勤勉、援助、貞淑、微笑、啓発、自制心、気品、進歩、公正、浄福、理想、霊的進化、品行方正であり、悪とはすなわち暴力、窃盗、詐欺、姦淫、悪罵、嫉妬、貪欲、憎悪、支配欲、傲慢、怠惰、侵略、堕落、退歩、悪知恵、歪曲、卑劣、侮辱、奸佞邪知である。善を行い、悪を行わないことが善悪の知識と判断力を神から与えられた人類の歩むべき道であると思われる。人類誕生の最大の謎の一つはなぜ神は人類を創造したのかということである。人類創造の目的と目標は何であろうか？　神が人類に求めているのはとことん考えることではなかろうか？　人間たちがどのような理想と目的をもって行動するのかを観察して楽しむのが神の抱いている理想および楽しみの一つではなかろうか？

6　言葉の発生およびその起源

人類誕生における最大の謎の一つは、言葉の発生およびその起源である。はたして人間はどのようにして言葉を習得したのであろうか？　言葉は神が与えたものであるが、サルからヒトへと至る進化のどの段階において体毛が取り除けられ、言葉を操っていったのかは神のみぞ知るであるが、これほど興味深い謎はない。また文字とは何か？　これは人間が発明したのか、それとも神から与えられたのかはわからないが、文字の使用によって諸々の出来事の記録が可能となったのは、画期的な出来事である。

７　ノアの箱舟

そしてついにノアの箱舟の登場となった。ノアの箱舟に入ったノアとその家族、オスとメスのペアの動物以外のすべての地上の生き物が滅ぼされた。その後、ノアは９５０歳でなくなった。神が地上の全生物を滅ぼそうと決意した理由は、すべての人の悪が地にはびこり人をつくったのを悔いて心を痛めたからである。そして、40日40夜、雨が降り続けた。そして、地の上から水がひいて、再びノアや動物たちは地に戻った。すべての人々は彼らからひろがったのである。そしてもう二度とこのようなことはしないだろうと神は約束した。悪が地にはびこっても怒らない覚悟ができていたのだろうか？

８　『出エジプト記』の奇跡

モーセの時代になると、またもや怪奇なことが起こる。『出エジプト記』ではモーセがエジプトから出る前にエジプト王パロの面前で床に投げつけた杖がヘビになったり、神の行った魔術によって川の水が血になり、蛙がエジプトの地をおおい、杖でちりを打つとぶよに変わり、国中にあぶの群れが満ちたり、疫病が広まり、雹をふらせたり、いなごが満ち溢れ、暗闇が3日間エジプトを包み込み、すべての初子が死に絶えた。さらにモーセとイスラエル人がエジプトを出ていく時、紅海が2つにわかれて、そこを彼らはわたり、その後、彼らを追いかけてきたエジプト人は2つにわかれていた水が再び一つになったことで、水に飲みこまれた。神は奇跡をおこしてイスラエル人を荒野に導いた。神、太陽の万能ぶりはこれにて極まったといってもいいだろう。何でもかんでも可能にしてしまう太陽は万能の神である。

9　偶像崇拝

『旧約聖書』の中で、神、太陽は幾度も幾度もカナン人の神であるバアル神の崇拝をやめるようにと言っているが、ああしろこうしろと口うるさい神、太陽を信仰するよりも自分勝手につくったバアル神を拝む方がバアル神信者にとっては楽しいかもしれない。神は偶像崇拝を戒めても無駄なことだとはわかった上で戒めていたのかもしれない。聖書では次のように記されている。

「偶像を造る者は皆むなしく、彼らの喜ぶところのものは、なんの役にも立たない。その信者は見ることもなく、また知ることもない。ゆえに彼らは恥を受ける。だれが神を造り、またなんの役にも立たない偶像を鋳たか。見よ、その仲間は皆恥を受ける。その細工人らは人間にすぎない。

彼らが皆集まって立つとき、恐れて共に恥じる。（「イザヤ書」４４の９～11）つまり、偶像崇拝というのは無知な所業であるということである。単なる偶像であるから何の知識も知恵も得られないものにひれ伏すというのは神にとって見苦しいものであっただろう。

10　神の言葉の成就〈その1、ダビデとソロモン〉

ダビデは幾多の勝ち戦を終え、彼の死後、その子ソロモンが王位を継いで、神の言葉が成就した。いわく、「わたしはあなたのもろもろの敵を打ち退けて、あなたに安息を与えるであろう。主はまた『あなたのために家を造る』と仰せられる。あなたが日が満ちて、先祖たちと共に眠る時、わたしはあなたの身から出る子を、あなたのあとに立てて、その王国を堅くするであろう。彼はわたしの名のために家を建てる。わたしは長くその国の位を堅くしよう。わたしは彼の父となり、彼はわたしの子となるであろう。（「サムエル記　下」７の11～14）」ソロモンは夢の中で神の言葉を聞いた。いわく、「あなたの生きているかぎり、王たちのうちにあなたに並ぶ者はないであろう。（「列王記　上」３の13）」ソロモンは神によって多くの知恵と悟りとを授けられた。そして大規模な神の宮、自宅の建築作業を行った。神の言葉通り、ダビデは神の宮を建てず、ソロモンが建てた。神、いわく「けれどもあなたはその宮を建ててはならない。あなたの身から出るあなたの子がわたしの名のために宮を建てるであろう。（「列王記　上」８の19）」しかし、神はソロモンが７００人もの妻をもち、３００人のそばめがいて、ソロモンが他国人の妻の影響で他の神を拝んだので、神はソロモンを怒った。そして彼の死後、彼の国をひきさくであろうことを述べた。結局、神の言葉（予言）は成就して、南国ユダと北国イスラエルに分かれた。

11　神の言葉の成就〈その2、バビロンの捕囚〉

神が予言していた通り、エホアハズ王の時、イスラエルはバビロンのネブカデネザル王によって攻められて、バビロンへと連れていかれた。宮殿は焼かれ、破壊された。とりあえず、神の言葉をみてみよう。

神は言う、「わたしの計りごとは必ず成り、わが目的をことごとくなし遂げる。（「イザヤ書」46の10）」とはいうものの、イスラエルの民の行いはなかなか神の望むところとはならなかった。それゆえに、言う、「わたしはあなたがたの先祖をエジプトの地から導き出した時から今日にいたるまで、おごそかに彼らを戒め、絶えず戒めて、わたしの声に聞き従うようにと言った。しかし彼らは従わず、その耳を傾けず、おのおの自分の悪い強情な心に従って歩んだ。それゆえ、わたしはこの契約の言葉をもって彼らを責めた。これはわたしが彼らに行えと命じたが、行わなかったものである。（「エレミヤ書」11の7～8）」

依然としてイスラエル人はバアル神を拝み、神を怒らせた。さらに神は言った、「わたしはユダの高ぶりとエルサレムの大いなる高ぶりを、破るのである。この悪しき民はわたしの言葉を聞くことを拒み、自分の心を強情にして歩み、また他の神々に従ってこれに仕え、これを拝んでいる。（中略）帯が人の腰に着くように、イスラエルのすべての家とユダのすべての家とをわたしに着かせ、これをわたしの民とし、名とし、誉とし、栄えとしようとした。しかし彼らは聞き従おうともしなかった。（「エレミヤ書」13の8〜11）」

そしてさらに予言をした。「わたしは彼らをあわれまず、惜しまず、かわいそうとも思わずに滅ぼす。（エレミヤ書13の14）」そしてついに神はバビロン王の手に渡す。彼は彼らを捕えてバビロンに移し、つるぎをもって殺す。わたしはまたこの町のすべての富と、その獲たすべての物と、そのすべての貴重な物と、ユダの王たちのすべての宝物をその敵の手に渡す。（「エレミヤ書」20の4〜5）」しかし、神は次のように述べる。「バビロンで70年が満ちるならば、わたしはあなたがたを顧み、わたしの約束を果し、あなたがたをこの所に導き帰る。（「エレミヤ書」29の10）」この神の予言は成就して、イスラエル人は故地へと戻った。『エズラ記』に帰還とその後の復興が記されている。

12　現代から見た古代ユダヤ教

まずは、『旧約聖書』の4つの特徴を考察してみたい。

1、唯一の神が天地や万物、人類を創造したことが記されていることが第一の特徴である。現代人たちすべてが神によって創造されたということがわかるのは『旧約聖書』のおかげであり、ありがたいことである。

2、また数多くの予言を行い、それらが成就されたのは驚くべきことである。何でも可能にしてしまう能力が備わっているのは天地創造の神ならではの特徴である。

3、『創世記』では若干理解に苦しむ点もあるが、全編にわたって事実が細部にわたって記されている記録文学としてもすぐれたものである。問題点があるとすれば、小見出しがないことであろうか。私が持っている日本語版の場合、第1章、第2章と記されているだけで、何が書いてあるのかがわからないのが不便である。

4、数多くの魔術が行われ、中でも『出エジプト記』にある通り、紅海を2つにわけて通り道をつくったというのは最大の魔術であろう。

以上の4つの特徴を備えた『旧約聖書』（古代ユダヤ教）を現代という時代から読み解くと、イスラエル人に対する神の愛と怒りのすさまじさが全編に満ちているのがわかる。科学の理解において現代と『旧約聖書』の時代は天と地の差がある。現代人に教えを説くとすれば、もはやあしろこうしろとか言うのは不必要で、神は自分の正体を太陽であると言って、目に見えない仕組みについて述べるだけでよく、余計なことは言う必要はないであろう。端的に言うと、古代ユダヤ教はユダヤ人と創造主との波乱に満ちた信仰と不信仰の歴史ということになるであろう。20世紀のイスラエル建国に至るまでの間、ユダヤ人たちは異国の地で国をもたずにユダヤ教を守り通してきたが、イエス・キリストやマホメットが現れて以後、神の預言者はいなくなっている。おそらくもう預言者は現れないであろう。なぜなら太陽はもはや宗教ではなく、科学として日本のある女性にメッセージを託したからである。

不思議なことは、彼らは離散する前は神の掟を守らなかったのに離散して以後はかたくなに異国の地で神の言葉に従い、ユダヤ人としてのアイデンティティーを守ったことである。はたして彼らは神からの新しいメッセージを拒んで昔からのユダヤ教を固持するであろうか。これまでの多難な民族であるユダヤ教徒はまたもや多難な時代を迎えるかもしれない。はたして太陽を神として受け入れる準備はできているだろうか？

13　キリスト教の謎、神秘および奇跡

イエス・キリストは神秘の人である。イエスの母、聖母マリアは処女懐胎をし、神の国（天国）は近づいたとして神の教えを広めたイエスは病人をいやし、死人をよみがえらせ、数々の奇跡を起こした。『マタイによる福音書』（15の29〜31）では次のように記されている。

「イエスはそこを去って、ガリラヤの海べに行き、それから山に登ってそこにすわられた。すると大ぜいの群衆が、足、手、目や口などが不自由な人々、そのほか多くの人々を連れてきて、イエスの足もとに置いたので、彼らをおいやしになった。群衆は、口のきけなかった人が物を言い、手や足が不自由だった人がいやされ、盲人が見えるようになったのを見て驚き、そしてイスラエルの神をほめたたえた。」時には両替人の台やハトを売る店の腰掛をくつがえし荒っぽいことをしたり、天国の存在を明言した。

当時は、天国や地獄は存在していたものとみなされていたのであろう。しかし、現代では、キリストの教えは有効ではないだろう。なぜならどこにも天国と地獄は存在しないし、死人をよみがえらせることが不可能であることは現代人にとっては明らかだからである。とはいえ、イエス・キリストは死人をよみがえらせ、自身もまた死の3日後よみがえって十二使徒と会食をともにしていて、雲に乗っていって天上へ舞い上がっていった。神秘と奇跡が顕著なキリスト教であるが、神はイエスやその使徒らに病人をいやす力を与え、福音を多くの国々に伝えようとしている。神は万能であり、太陽による奇跡のわざは人知を超えたものである。『旧約聖書』のように偶像崇拝に関しての非難はなくなり、天国の存在、永遠の生命についての記述が増している。これは人類が霊的な進化を果たすまでの苦し紛れの策だったのであろう。

14 『コーラン』とアッラーの神

アッラーの神は無信仰者たちを地獄の劫火で火あぶりの刑に処すると何度も何度も繰り返して『コーラン』で語っているが、アッラーの神は当時の人々の無知につけこんでいるように思われる。潺潺（せんせん）と河川ながれる楽園に信仰深い人たちは死後に行けるとアッラーの神は語っているが、地獄の劫火も楽園も現代の私たちの常識からすると実際に存在するとは信じがたいものである。最後の審判についても同様で、実際にそのようなことはありえないであろう。今回、神（太陽）から託されたメッセージでは、最後の審判や地獄、楽園については一言も触れられていない。なぜなら、そのようなものは存在しないからであろうと思われる。

しかし『コーラン』（41よりわかりやすく25〜32）には次のような文言が述べられている。「罰当たりども、『おい、お前たちこのクルアーン（コーラン）などに耳を借すな。いいかげんなこと喋りまくって、あんなもの圧倒してしまえ（『コーラン』を読誦している傍で大声あげて喋りちらし、『コーラン』を読む声を消してしまうこと）』などと言っている。よし、あの罰当たりども、いまに必ず恐ろしい天罰の味を思い知らせてくれようぞ。彼らの所業の一番悪いところ（だけを見て）いやというほど褒美をくれてやろうぞ。それ、アッラーに仇なす者どもの御褒美はこれだ、つまり（地獄の）火。ここが彼らの永久の住居。我らの神兆を否定していた報いとして。（中略）だが、『アッラーこそ我らの主』と言って、それからずっと真直ぐな道を進んで来た人たちの上には、天使らが次々に降りて来て、『怖がることはない。心配することはない。前々から約束されていた楽園に入って心ゆくまで楽しむがよい。現世でも来世でも我らがお前がたの友だちじゃ。あそこでは、お前がたなんでも欲しいと思うものはみんな戴けるぞ。欲しいと言いさえすればなんでも手に入るぞ。一切の罪を赦し給うお情けぶかい御神の心からなるおもてなしじゃ』と言う。」

今でこそ『コーラン』では、最後の審判、来世での天国、地獄などが繰り返し述べられて破天荒に思われるが、当時からすると、読むのにかなりの高い知性、理解力、洞察力が必要であったと思われる。現代に至ってもイスラム教信徒の敬虔ぶりは見上げたものだ。メッカへの巡礼はその最たるものである。『コーラン』の誕生から十数世紀の時が流れている。現代の科学の進歩した時代においてもアッラーの神は同じことを言うだろうか。アッラーの神はどのような意図で天啓をマホメットに降ろしたのか？　何のために偶像崇拝を禁止し、『コーラン』の読誦を義務と定めたのか？　人間や万物はアッラーの神によって創造されたことを知ってほしかったのであろう。それは正しい考えと正しい行いを実践させるためであろう。偶像崇拝をするということは、神の天地創造や人類の創造の事実を否定することにつながることであり、アッラーの神の教えにそっぽを向くことを意味し、律法を守り、人間的な進化ができなくなるからである。それに関しては、現在でも同様のことがいえる。私たちは金銭的利益に狂っている。神と富に同時に仕えることはできない。神の言う通りである。私たちは神の被創造物であることを忘れてはならない。なぜなら私たちは霊的進化を果たすべきだからである。

15　ラエリアン・ムーブメント

かつて私はラエリアン・ムーブメントの一会員であった。ラエリアン・ムーブメントとは、フランス人ジャーナリスト、クロード・ボリロン・ラエル氏によって始められた宇宙人エロヒム（地球人類、生物の創造者？）をエロヒムの地球大使館に迎える運動のことである。なぜ私が会員になったかというと、『旧約聖書』や『新約聖書』で述べられている奇跡が、人類の創造主であるエロヒムによって行われたことを知ったからである。キリストが死から3日後よみがえって天上に舞い上がっていったというのも2万5千年進んだ科学によって行われたというのはさもありなんと思った。しかし、２０００年頃、私は太陽の教えを入手して神は太陽であることを知った。エロヒムが行ったという奇跡は太陽が行ったということになり、驚かざるをえない。万物創造の神である太陽ならば万能であり、奇跡を起こすのはたやすいことかもしれない。

かつて私は夜、エロヒムに向かって（天上に向かって）お祈りを毎晩していて、ある時、真上の天空に星が一直線に走って行ったのを見たことがあった。そして合わせて数回同じものを見た。それは私の誕生日にあたっていた。これはエロヒムが見守っているのだと思った。しかし今考えればそれは太陽の仕業だったと理解するようになった。それで今は私は太陽が神であることを知り、エロヒムのメッセージは真実ではないと思うようになり、太陽に帰依するようになった。ラエリアン・ムーブメントは当時の私の精神状態を安定させてくれる役目を果たしてくれて感謝している。しかし今後私は太陽のしもべとして生きていくであろう。問題はイエス・キリストの奇跡と神秘を聖書で読むたびにラエリアン・ムーブメントを思い出すということである。果たしてエロヒムが地球大使館に飛来するかどうかと思う時もあるが、おそらくその日は永遠に来ないと思っている。

16　エロヒムのメッセージ

おおざっぱに『旧約聖書』、『新約聖書』に目を通したところ、『旧約聖書』ではイスラエル人の悪逆非道、不信仰および偶像崇拝、『新約聖書』ではイエス・キリストのたとえ話やパウロの手紙での永遠の命や天国についての言及が多いのがよくわかった。だからこそ、以前はエロヒム（天空から飛来した人々）がクロード・ボリロン・ラエル氏に語ったという、彼らが科学的に人類を創造し、選ばれた人々がエロヒムのつくった不死の楽園で再生されているという話が真実らしく思えた。私はずっと人類がやがて他の惑星でエロヒムがつくったように新たな人類を創造するものと思っていた。しかし、太陽からのメッセージを知ってエロヒムのメッセージは真実ではないと考えを変えた。エロヒムのメッセージでは、神や霊魂は存在しないと明言されていて、神の存在は否定されている。死んだふりから復活した神が自らを太陽であると述べているのは紛れもない真実であり、嘘や偽りではない。神の存在を証明せよと言われたならば、神から送られたメッセージ（文献、『太陽の書』『太陽神白書』など）を読んでいただいて、自分で判断していただく他に方法はない。

17　来世の有無と宗教（神）の嘘、偽り

ところで、時々、私は人知れず物思いにふけっている。なぜなら、神は嘘、偽りを『新約聖書』や『コーラン』でイエス・キリストやマホメットに語らせて、それをそのまま放置しているからである。神の嘘、偽りとは、将来最後の審判を行い、来世で生き返って天国または地獄に行くということである。イエス・キリストが「悔い改めよ。天国は近づいた。」と明言したように、

私も明言したい、いわく、天国も地獄も存在せず（従って来世は存在しない）、最後の審判も行われないであろうということである。キリスト教とイスラム教は神の嘘、偽りと信者の無知で成り立っているといっても過言ではない。いかなる理由によって神は嘘、偽りを預言者たちに言わせたのか？　理由は明白である。当時の彼らは科学的に無知だったために事実を語っても理解できなかったであろうからである。しかし、このまま放置しておくと、人類は神の嘘、偽りと無知によって霊的な進歩が果たせなくなるであろう。キリスト教やイスラム教の信者たちがどう対処するかは、彼らに任せるしか方法はないが、信仰を捨てるのは大変つらい作業であろう。はっきりしているのは、神の嘘、偽りが明らかになれば、世界中に大激震が走るであろうことである。信仰そのものが神の嘘、偽りによって崩壊するからである。しかし、時は過ぎて、科学は進歩を果たしている。人々は科学の進歩によって判断力を増している。おかげで、来世は存在しないということもわかるようになってきている。

一番よい対処の仕方は、今回、太陽が日本女性に託したメッセージを理解して、太陽を信仰することである。太陽は来世にも最後の審判にも言及していない。私のこの発言は神に対する冒瀆であろうか？　否、冒瀆にはならないであろう。なぜなら、私は今回の太陽からのメッセージを読み解き、宗教を科学へと進化させたからである。これは太陽が望んでいることである。神は嘘、偽りを預言者に語らせたことで裁かれるべきであろうか？　否、裁かれるべきではない。なぜなら、太陽なくして私たちは霊的進化を果たすことは不可能だからである。私たちは今、霊的進化を果たす大変革の時代を迎えようとしているからである。その先導者は太陽である。私たちはそれに従っていくしか歩むべき道はない。宗教の時代は終わったことを私たちは知るべきである。今後は負の科学を学んで、それによって霊的進化を果たし、平和なミレニアムを築くべきであろう。

18　迷える子羊（無知との訣別）

ところで、現代の私たち人類は迷える子羊のようなものである。なぜなら、現在のような経済活動と化石燃料の使用が増え続ければ、私たちは滅亡に向かっていくことについて全く無知だからである。神（太陽）は『コーラン』で語っているように細かいことを何でもわかっている。私たち一人一人が何をして何を考えているかもわかっている。なぜなら霊によって神と人間はつながっていて人々の行動をサポートしているからである。それに対して私たちは無知である。人間に対する最も大切な神のサポートは、神から発せられた神の愛である。それなのになぜ私たちは争って神の愛をないがしろにして、迷える子羊の状態になっているのであろうか？　神の愛を悪用してはならない。神の愛がわからないと、人間は迷える子羊状態となる。

私たちは無知な存在である。何に対する無知なのか？　すべてに対する無知である。宇宙のなりたち、天地のなりたち、物質のなりたち、言葉や霊などのなりたち、光のなりたち等々である。とはいえ、過去の宗教が創造された時代に比べれば、私たちは格段に膨大な知識を得て、科学を進歩させてきた。今や私たちには新たなる信仰が求められているのではなかろうか。過去の宗教とは訣別する時を迎えているのではなかろうか。

19　天国、地獄、最後の審判の言及のない神の新しいメッセージ

宗教は太陽が神であることを明らかにした時点で存在意義を失った。今後、ユダヤ教、キリスト教、イスラム教の信徒は信仰の対象を太陽へと切り換えるべきではなかろうか。ユダヤ教の預言者、イエス・キリスト、預言者マホメットが活躍した時代と現代とでは時代環境が異なっている。さすがに太陽は天国、地獄、最後の審判については何も語っていない。神、太陽は今回のメッセージを宗教としてではなく、科学として地球にもたらした。神は、最後の審判、天国、地獄の存在を否定していると解釈してもよいであろう。今後は三次元（太陽系）、銀河系、高次元（太陽神）の世界の仕組みを理解することが無知との訣別の第一歩となるであろう。宇宙のなりたちを追究しようとして人類は宇宙探査に乗り出しているが、神からの新しいメッセージによって宇宙のなりたちや生命の起源は太陽であることを理解するであろう。私も宇宙のなりたちには興味があるので、ぜひ宇宙探査を続けて太陽のメッセージの理解の促進につとめてほしい。

20　自立した人類とは？

今、私たちにとって大事なことは、神の言葉を理解して、正しい方向へと歩んでいくことであ

る。かつての宗教のように神が介入しなくても自分たちで判断して、正しいことを実践する自立した存在として私たち人類は霊的進化を果たすべきである。霊的進化とは、無知との訣別である。必要なのは、負の科学の理解である。色即是空の空の理解である。空というのは、銀河系の世界である。言葉のもと、物質のもと（観測不可能）が充満している世界である。言葉や物質が存在するために必要な情報波やエネルギー波を供給する世界である。従って三次元世界の物質、光は波であり、粒子である。話がそれたが、ようやく２０００年の時を経て、太陽のメッセージにより、神秘のベールがはがされることになり、私たち人類は大変革の時代を迎えていることを自覚すべき時代が訪れたと知るべきである。

21　新たな信仰と愛の実践

今や宗教の役目は終わり
神は太陽であることが明らかになった。
これ以後、私たちは永遠の命や
神の国で生まれ変わるという信仰を改め
この世の地球上に新たなる神への信仰によって
地上天国を築くべき時であろう。
愛はどこから来るのか？

それは神からである。
だからこそ私たちはこの世で
互いの愛によって万人のしあわせを祈り
しあわせを享受しあうべきである。
ダンテの『神曲』のような天国、地獄は存在しない。
神が創造したこの世だけが
人間に与えられた愛の実践の場である。
神である太陽の教えを理解し
愛と平和の波動を太陽から受け取り
神のしもべとしてそれぞれの宗派の垣根を取り払い
一つの大規模な慈愛の融合体と化すれば
地球は愛と平和の惑星として
生まれ変わるであろう。
すべてのキリスト教徒、イスラム教徒、仏教徒により
大同団結をもってして
平和な地球統治の声を
国連に届けるべきであろう。

愛も平和もない大国のエゴ、軍事力によって
世界は滅亡の危機に瀕している。
軍事的な紛争は勝った負けたの別なく
必ず混沌と滅亡の結果を招くであろう。
唯一生き残る道があるとすれば
それは愛と平和を祈念する私たち一人一人の
大同団結があるのみである。
愛と平和による私たちの団結こそが
地球上に生き残る唯一の道である。
神の教えの理解をもってして太陽に対して
感謝の念を抱くことこそ
地球存続、人類存続に欠かせないものとなるであろう。

22　人間とは何ぞや

現在に至ってようやく私たち人類は
人間とは何ぞやの問いかけに対しての
返答を出す時を迎えた。

人間とは何ぞや？
それは「人間とは太陽（神）と一体となって
宇宙（太陽系、銀河系）の星々の光の
情報波の結晶体として
平和的ビジョンをもって生を営み
愛しあう存在」である。
これが新たなる人間像である。
全人類が霊によって太陽とつながっており
太陽の認識場を共有している事実を
理解することが私たちのなすべき第一歩である。
光合成によって太陽系の光と
銀河系の光が合成され
それによって私たちは創造されている。
このような仕組みによって
私たちは太陽の子供として
存在しているのである。
人間とは何ぞやという問いかけに対して

明確な答えを発見してこそ
私たちは霊的進化が可能となるのである。
願わくば太陽の教えを理解して
安らかな心を持ち続けることこそ
大いなる創造、社会貢献となるであろう。
既存の宗教や信仰では
これから必要となる霊的進化にとっては
十分なものとは言えないであろう。
神秘的な宇宙の仕組みや眺めは
私たち人類がどのような存在であるかを
示しているようにも思われるであろう。
ぜひ既存の宗教から脱して
新たなる人間像に挑戦し
霊的進化を果たしてほしいものである。

第5篇　国連新政府の憲法（試案）

前文1　国連新政府の樹立について

国連新政府は太陽を神と認め、神の教えにのっとって国連新政府による地球レベルの政務の運営に努めることを決意した。人類、地球、太陽系を含む、すべてのものは太陽によって創造されたのであって、私たちは千代に八千代に私たちの惑星、地球を存続させるために国連新政府をつくり、ここにその法律を作成することにした。太陽の教えは負の科学に関してのものであるが、それの理解なくしては、私たちは霊的な進化をなしえず、無知な状態を余儀なくされる。これを防止するために地球レベルで神の教えの理解につとめ、周知徹底すべきであるとともに、私たちは国連新政府を通して自由、平等、友愛、さらなるしあわせを勝ち得て、平和の道を歩むことを確認した。

前文2　理想、しあわせ、社会貢献について

神からの情報なくしては地球は一つにまとまらず、やりたい放題となり、破滅の道をひた走る

のみである。それゆえ私たちは、神の教えを理解するとともに、理想を抱き、しあわせを追究し、社会貢献を果たすことを念頭において地球全体の平和とその享受をめざすべきである。絶え間ない努力によって私たち人類は理想、しあわせ、社会貢献について考え、行動をしていくべきである。天から与えられた天分を理想のために活かし、しあわせのために発揮し、社会貢献のために有効利用することは私たち人類の崇高な使命、目標となるであろう。

前文3　第3ミレニアム時代の法について

私たちはこの第3ミレニアム時代にふさわしい法律を制定する意義をおのおの心に銘記しなければならない。今世紀に入ってもなおこの地球上では紛争が続いている。さらに気候変動によって地球は破滅の道へと進んでいる。これらを解決せんとして国連新政府が発足して、新たな憲法が地球存続のために確定された。この法の遵守こそは最後の砦である。私たちは私たち自身のためにも神が望むであろう道を歩んでいくべきであろうと思われる。神とともに平和の道を歩もうではないか。

第1章　神、太陽

第1条　私たちは太陽を神として認め、すべてのものは太陽によって創造されたことを理解すべきである。

第2条　神の教えは地球を破滅から救うものであることを理解し、さらなる理解につとめ、地球を救う行動をとるべきである。
第3条　どのような宗教であっても信仰は自由であるが、国連が認めているように神は太陽であることを国連は全世界に知らしめるべきである。
第4条　今回の神の教えは科学であって、宗教の分類には属さない。

第2章　平和の樹立

第5条　この憲法は神の教えにもとづいて、世界の平和を希求し、実現することを目的としている。
第6条　平和と環境保護のために個人レベル、国家レベル、世界レベルのある程度の自由の制限は認められるべきである。
第7条　平和の樹立とは、すべての国連加盟国の願いであり、目標とするところのものであり、そのために国連新政府による国連新憲法が制定されたのであり、これは国連加盟国がすべて遵守すべきものであり、世界での軍事紛争の除去をめざすものである。

第3章　貨幣制度の廃止

第8条　私たちは貨幣制度を永久に廃止し、また貨幣製造をしてはならず、その売買も禁止する。

第9条　すべての国民は無料で生活物資を得ることができる。また無償で仕事をすることを通して社会貢献するべきである。

第10条　仕事はすべての人の社会貢献をしたいという意欲によってなされるべきである。

第11条　気候変動を起こすほどの経済活動を反省し、私たちは必要以上の生産活動をしてはならない。

第12条　貨幣制度廃止に対して異議を唱え、暴動が勃発した場合、国連軍はこれに対して軍事的な対処をすることができる。

第4章　石油の消費量の制限

第13条　私たちは地球温暖化、気候変動を防止するために石油消費量を制限する。

第14条　石油消費量は国連機関によって算出される。

第15条　石油によって動くすべての自動車の製造、所有、使用は禁止されるべきである。

第5章　兵器製造、所有、使用の禁止

第16条　何人（なんぴと）も殺人殺傷を目的とした、またいかなる理由、目的においても兵器を製造してはならない。

第17条　何人も兵器を所有、使用してはならない。

第18条　現在、兵器、銃を所有する組織、個人はそれらを廃棄すべきである。

第6章　軍備撤廃

第19条　国連のリーダーシップのもと国連加盟国は軍備の撤廃をしなければならない。具体的方法については、国連総会で討議されるべきである。

第20条　もしこの法に違反する場合には、生活物資の輸入の停止、および国連による制裁が行われる。すなわち、強制的に軍備解除が行われる。

第21条　もしこの法に違反する国家、組織が軍事行動を起こす場合は、国連軍がこれに対処する。

第7章　安全保障理事会の廃止

第22条　拒否権を有する常任理事国によって手続き事項（案件）が否決されることがその国の国益のためにのみ行われる懸念から安全保障理事会は廃止される。

第8章　世界の諸問題解決策の遂行

第23条　国連新政府の専門機関は世界の諸問題解決策を遂行すべきである。すなわち、

1、難民発生の対策に関して第一になすべきことは、難民発生原因の除去である。原因が紛争の場合は、原因除去については紛争調停大臣に任せ、第二に難民大臣の指揮下において、「第3章　貨幣制度の廃止」の施行を通して、難民を保護し衣食住を与えるべきである。

2、人口増加に対する対策としては、女性一人に対して出産回数は2回以内に制限し、これを徹底すべきである。保健大臣がこれを担当する。

3、大気や水の汚染防止のために私たちは地球レベルで環境問題に取り組むべきである。また「第4章　石油の消費量の制限」の遵守を通して大気や水の汚染の防止に努めるべきである。環境大臣がこれを担当する。

4、食糧問題は現在においても将来においても「第3章　貨幣制度の廃止」の施行を通して飢餓問題の解決を図るべきである。農業大臣がこれを担当する。

5、地雷は毎年敷設されており、除去が追い付かないという非常に厄介な問題である。「第5章　兵器製造、所有、使用の禁止」の施行を通してこれ以上の地雷の敷設を防止すべきである。安全保障大臣がこれを担当する。

6、紛争調停は「第6章　軍備撤廃」の施行を通して話し合いによる平和的解決の促進を図るべきである。紛争調停大臣がこれを担当する。

7、平和維持活動（PKO）は、「第2章　平和の樹立」「第5章　兵器製造、所有、使用の禁止」「第6章　軍備撤廃」の施行を通して紛争当事国に対して軍事力を用いて行う活動である。

ＰＫＯ部隊は「第41条の２」の安全保障大臣の指揮および命令によって活動すべきである。
８、「第３章の第12条」「第６章の第21条」を含め、国連新政府に対して軍事行動があった場合には、国連新政府は自衛のための軍事力行使をすることができる。

第９章　世界人民の権利

第24条　「世界人権宣言」はすべての国連加盟国によって遵守されるべきである。世界人民は「世界人権宣言」に制定された自由と権利を有する。すなわち、
１、すべての人は生まれながらにして自由であり、法の下に平等である。
２、すべての人は思想、表現、学問、信仰、集会に対する自由を有する。
３、すべての人は国内で行われる選挙と国連議員選出の選挙権を有する。
４、すべての人は教育を受ける権利を有する。
５、すべての人は衣食住を取得する自由と権利を有する。すなわち、無料でそれらを得ることができる。

第10章　総会

第25条　総会はすべての国連加盟国の国連議員によって構成される。
第26条　総会は世界最高の立法機関である。

第27条　総会は公開で行われる。
第28条　議長は国連議員の中から選出される。議長の任期は1年である。
第29条　国連議員の任期は4年である。国連議員選出選挙は4年ごとに各国で行われる。
第30条　総会の会期は毎年9月の第3火曜日で、12月半ばまで続く。
第31条　政党の結成は自由である。
第32条　国連新政府の宰相が犯罪を犯した場合、総会は宰相を弾劾することができる。弾劾成立後、総会は新たに宰相を選出しなければならない。
第33条　世界各国から国連新政府に国連加盟国による過半数の不信任の申請があった場合、国連新政府はすみやかに解散し、総会は再度、宰相および大臣を選出しなければならない。
第34条　総会は国連加盟各国の過半数の解散申請があった場合、すみやかに解散し、新たに国連加盟国は国連議員選出選挙をしなければならない。
第35条　総会はその会議、その他の手続きおよび内部の規律に関する規則を定め、また総会内の秩序を乱した代表者を懲罰することができる。

第11章　国連新政府

第36条　国連新政府は、国連宰相と国連大臣とで構成される。国連宰相と国連大臣は総会で選出される。ともに任期は1年である。

第37条　国連新政府は、おのおのの分野において世界レベルの行政官として職務を果たすべきである。

第38条　国連新政府は国連加盟国の総意によってすべての国の優位に置かれる。

第39条　国連宰相は国連議員の中から選出される。国連宰相は全世界人民の総意を代表する者である。

第40条　国連大臣は国連宰相によって国連議員の中から選出される。下記の分野において任命される。1　教育、2　安全保障（軍縮）、3　農業、4　科学、5　環境、6　労働、7　法務、8　通商、9　防災、10　産業、11　保健、12　人権、13　報道、14　文化、15　難民、16　紛争調停。

第41条　各大臣の任務は次の通りである。

1、教育大臣は教育の在り方を考え、実践に移すこと。

2、安全保障（軍縮）大臣は全世界各国の軍縮を遂行すること、および平和の樹立に貢献すること。

3、農業大臣は農業全般を管理すること。

4、科学大臣は神の教えを中心とした科学全般を管理すること。

5、環境大臣は排出ガス規制と地球レベルの環境問題を取り扱うこと。

6、労働大臣は労働の在り方を考え、実践に移すこと。

7、法務大臣は裁判の在り方を考え、管理すること。
8、通商大臣は国家間の物資の授受を管理すること。
9、防災大臣は世界中に起こる災害（台風、山火事、地震、津波など）の対処を考え、実践に移すこと。
10、産業大臣は世界中の産業全般を管理すること。
11、保健大臣は流行病、伝染病に対処すること。
12、人権大臣は全世界で「世界人権宣言」が遵守されているかどうかを管理すること。
13、報道大臣は国連活動の報道と世界各国の報道を管理すること。
14、文化大臣は宗教、文化、芸術などを管理すること。
15、難民大臣は難民を保護し衣食住の提供を行うこと。
16、紛争調停大臣は紛争地域の国々の調停そして平和的解決をもたらすこと。

第42条　事務局および国連諸機関は国連新政府の附属機関となる。

第12章　国際司法裁判所

第43条　現行の国際司法裁判所はそのまま存続する。
第44条　現行の国際司法裁判所は新たに作成された本法にもとづいて裁判を行うものとする。
第45条　国際司法裁判所は国連総会によって15人から構成される。

第46条　同一国籍の裁判官が２人選出されることはない。
第47条　裁判官の任期は９年であり、再選されることも可能である。

第13章　国連軍

第48条　国連は世界で唯一軍備を有することができる組織である。
第49条　国連軍は国連新政府の宰相の命令を受けた安全保障大臣の指揮下において軍事行動される。
第50条　国連軍は国連加盟国から派遣される兵士によって構成される。国連軍の派遣部員の任期は無期限で、各自が希望するまで所属することができる。
第51条　もしある組織や国が軍備を所有し、軍事行動を起こそうとする時、国連は総会を開いて軍備の解除、紛争の阻止を図って、国連新政府の外務行政官が当該組織、国家に勧告するが、もしこれが承認されず、軍事行動がある場合には、国連宰相の命令によって軍事行動をとることができる。

第14章　改正

第52条　この法律の改正は総会の構成国の３分の２の多数で採択される。
第53条　第１章から第７章に至る法に関しては変更してはならない。

第15章　最高法規

第54条　この法律は世界の最高法規であって、その条項に反する法律はその効力を有しない。

第16章　付則

第55条　世界に存する全国家は国連新政府に加盟し、代表者を選出し、総会に出席するべきである。

付録

付録1　告白文

1　コンプレックス

自分の経歴およびコンプレックスについて公表するかどうか迷った挙句、公表することに決めた。私がなぜ本書のような文を書くに至ったかということについて話しておくべきだと思ったからである。この告白文におつきあいいただければ、なぜ私が神の教えを受け取ったのかおわかりいただけるであろう。この文章を書いている時点で64歳となって8ヵ月がすぎたが、私の人生はコンプレックスとの闘いであったといっても過言ではない。これ以上のコンプレックスはないというぐらいのコンプレックス（小さな手足に大きなコンプレックス）を抱いていた。声も大きな声が出せないし、体の左半身は右半身とちがって違和感がある。自分の長所や短所について述べよと言われると、人には言いづらいコンプレックスだったので、返答するのに大いに困惑させられることもあった。長所といわれても何もないというのが私自身の実感であった。

2　文学への没頭と人生の困苦

学生時代は推理小説を読むのが楽しみであったが、高3の時、ドストエフスキーの『罪と罰』を読んで文学に傾倒するようになった。しかし高校を卒業して入った会社は数ヵ月でやめた。なぜなら社会人としての自覚がなく、心の準備ができていなかったからである。太宰治の『人間失格』を読んで作者の人間失格ぶりに興味を抱くとともに自分はそれ以上に人間失格ではなかろうかと思い、暗黒という名の人生を生きていることを実感した。コンプレックスを抱くより以前から私は次のような感覚を自分に対して抱いていた。すなわち、私は自分が周囲の人とあらゆる点で根本的に違っているという事実に苦しみ、不完全な人間だと感じていた。自分は何者だろうかといつも考え続けていた。気のめぐりが抑制され、活動力が限定されており、その結果、仕事などにも悪影響を与え、作業能力も思い通りに発揮できなくなっていた。悩みがいっぱいで仕事どころではなかった。これらは今思えば、太陽によるしわざであったことは明らかである。なぜこのような試練が与えられたのかという疑問について私の考えでは、物事を根本的な点から考える習慣を身につけさせるためであったと思われる。こうした艱難辛苦の生活がなかったならば、何も深く考えずに、自分勝手な人生を歩んでいたであろう。

3　自衛隊

社会に出て2年間、仕事を幾度か変えたすえに、自衛隊に入ることにした。本格的にコンプレックスを自覚するようになったのは、自衛隊に入ってからであった。自衛隊では大勢の人と共同浴場でお風呂に入るのであったが、その時、私は自分の体格のひ弱さと小さい手や足や偏平足を思い知らされ、コンプレックスに陥った。戦闘訓練など体力が必要な仕事が多いため早くやめたかったが、1任期2年間は我慢して勤務するようにという上司の配慮できつい訓練のない作業の部署に配置換えなどをしてもらって、何とか2年間をつとめあげて除隊した。そして民間会社に入社した。断熱材をつくっている会社で、5年間在籍した。その間、暇なときは読書に没頭した。結婚をする気は毛頭なかった。なぜなら、自分の小さい手足が子供に遺伝することがいやだったからである。この頃、ワープロ専用機が販売されるようになり、1台買って文章を書く訓練を始めた。

4　ラエリアン・ムーブメント

入社して5年後、会社をやめて、東京へ行った。毎日、井の頭公園へ行って、考え事をしたり、安いワープロ専用機を買って文章を書く訓練を続けた。東京へ来て1ヵ月後、実家へ帰った。そして小さい印刷所で仕事を始めた。この頃（27歳頃）、ラエリアン・ムーブメントの講演会に行って、衝撃を受けた。そして数週間後、ラエリアン・ムーブメントに入ることにした。もともとは講演会に行くつもりはなかったが、前夜、寝入りばなに光が入ってきて、宇宙の映像が脳裏に浮かび、そのあと、講演会に行くことに決めた。入会後、月に1度くらい集会に行き、ラエリアンたちと楽しい時間を過ごし、年に1回、セミナーに参加した。

この頃から詩を書くようになり、定型押韻詩を考え出した。私がつくりだした定型押韻詩とは私にとって人生の宝物であり、なくてはならないものであり、もし詩がなかったら私は光明のない絶望の人生を歩むことになったであろうが、詩を書くという生きがいによって今まで何とかやってこられたことを痛感している。詩を書くことがコンプレックスを軽減する働きをしていたのかもしれない。そして当時、ある知り合いの人から詩集を自費出版することを助言されたのをきっかけに東京へ行って日産の期間工の仕事をしながら詩集の自費出版をした。この時、私は30歳になっていた。期間工員を半年後ほど続けたあと、羽生へ行って、人材派遣の仕事を始めた。

5　超感覚と羽生（はにゅう）での暮らし

話が前後するが、東京へ期間工員として働きに行く前から、超感覚の世界に突入することになってしまった。たばこの煙や香水の香り、人の吐く息、などを受け付けなくなる体になってしまった。手足の小さいコンプレックスに加えて超感覚の体になってしまったのは100パーセント太陽のしわざであった。羽生の地で人材派遣工員として働いてもたばこの煙や香水の香り、人の吐く息で悩まされ、苦痛の種となったことには心底まいってしまった。そのおかげで会社を何度も変えることになってしまった。当時は会社の食堂での喫煙は自由にできたのである。当然のことながら、収入も少なくなり、貧乏暮らしが続いた。そのためラエリアン・ムーブメントを脱会した。

そんなある日、白梅の花を野辺で観賞していた時、突然、何かが私の中に入ってきた。大自然と一体になったような感覚を味わった。またある夜、座禅をしていた時、ピシッとシナプスがつながってさらに超感覚の世界に入ってしまったこともあった。当然これらのことは太陽のしわざであろうことは、今になってやっとわかったが、当時はいったい何が起こったのだろうかと疑問に思えてならなかった。

この頃、『孟子』の「告子章句下」の15章目に次の文章があるのを知った。「故に天のまさに大任をこの人にくださんとするや、必ずまずその心志を苦しめ、その筋骨を労せしめ、その体膚を飢えしめ、その身を空乏にし、行うことそのなさんとするところに払乱せしむ。心を動かし、性を忍ばせ、そのよくせざるところを曾益せしむるゆえんなり。人つねに過ちて、しかる後によく改め、心にくるしみ、おもんぱかりによこたはって、しかる後におこり、色にあらわれ、声に発して、しかる後にさとる。入りてはすなわち法家払士（ほうかひっし）なく、出でてはすなわち敵国外患なき者は、国つねにほろぶ。しかる後に、憂患に生じて、安楽に死することを知るなり」

（訳）「天がある人に大任を負わせようとするときは、必ずまずその人間の精神を苦しませ、その筋骨を疲れさせ、その肉体を飢えしめ、その生活を窮乏させ、その行動が所期に反するようにさせる。これは、その人間の心を感奮させ、本性をじっと持ちこたえさせて、今までできなかったこともできるように、鍛錬させるためである。一般に人は、過失をしてはじめて改め、心に苦しみ思慮に余ってはじめて発奮し、煩悶苦痛が顔色音声に現われるほどになってやっと心に悟るものである。国家においても同様で、内には法度を守る譜代の臣、輔弼の賢臣がなく、外には対抗する国、外国からの圧力がないというような国は、安逸に慣れて滅びるのが常である。こうしてみると、憂患があってこそ生き抜き、安楽にふけると死亡することがわかる。」（訳者・宇野精一氏）

明日どうなるかもわからない生活をしていたのでこの文章は心にしみたが、大任とはいったい何ぞやと当時は神の教えを受けて頭の中で音がして、忍苦の生活をすることなど思いもよらなかった。羽生での生活は9年間で打ち切りとなった。なぜなら最後の勤務会社でやめざるをえなくなる出来事があったからである。詳しいことは言えないが、退職後、1年間まったく仕事もせず、ビデオを借りて色々な映画を観たり、読書をしたりした挙句、岐阜の実家へと戻った。この最後の1年間で、2度目の詩集の自費出版をした。

6　岩音鳴りて

実家へ帰ってからも仕事はしなかった。自分の人生はもはや終わりを迎えたのだと思いつつ、図書館や大垣駅ビルのロッテリアや喫茶店で小説を書いたりして、ぶらぶらと生活していた。そして2000年の3月頃、私は太陽の光に反射している大理石の柱を見て、物質の正体は光ではないかと直観（ひらめき）を得た。そんな時、友人を介して太陽からのメッセージ（文献）を入手した。友人はインターネットの「ことたま文化会」で太陽のメッセージを受け取っていて、それを私にくれたのであった。ちょうど太陽風が吹いて地上のあらゆるものが破壊されるというニュースが一部の人たちに伝わっていた時である。穴を掘って太陽風から身を守れというニュースレターが届いていたが、結局、それは偽りのニュースであるというお断りのニュースレターが届けられて、そこに太陽は国連が太陽を神と認めるのを待っているという文言があった。

それ以後、ことたま文化会は活動を休止した。問題はこれ以後である。徐々に私の頭の中で音がするようになった。続いて体の中に強いエネルギー（霊）が入るようになり、耐えられなくなったが、延々と霊が入り続けた。なぜそのようなことが起こったかというと、太陽の認識場にたまっている人間の脳から出てくる悪い、汚れた光を私の脳を使って宇宙の果てへと排出しているらしいからである。結局、詳述はしないが、警察沙汰となり、精神科の病院に入院し、治療することになった。病名は統合失調症であるが、5ヵ月間ほど入院が続いた後、退院した。とはいえ、依然として太陽は不快な霊を私の中に入れており、またもや半年後、私は入院する羽目になった。5ヵ月間ほど入院した後に、援護寮へ入寮した。両親はケアハウスに入っており、私は2年間ほど援護寮に寝泊まりしたのち、アパートを借りて通寮している。そして10年が経過した。

もちろん、頭の中ではずーっと音がしている。これは岩音と呼ばれるらしいもので、「君が代」のいわおとなりては岩音鳴りてという意味が隠されている。なぜ太陽がメッセージを私に伝えたのかというと、私がパニックをおこすのを防ぐためである。頭の中で音がしたり、不快なことが続いたり、警察沙汰が起こったり、精神病院に行くことに対して冷静に対処ができるようにするためである。そして太陽と認識を共有するためでもある。

7　三次元（時空間）存続のための手伝い

問題は太陽の意向がわからないということである。入院する前に一度、太陽からの手紙を太陽のメッセージを受け取っている女性から受け取っているが、それにはもう二度目の手紙はないと記され、社会に男らしい貢献をするようにと書かれており、私は何が起きても反抗しないように気をつけながら今日に至っている。これまで太陽は私の言動、感覚を統制してきたように思われる。思い通りにいかない人生を太陽から与えられている。いつまで今のような生活がつづくのかはわからないが、太陽は私の援助を必要としていることはわかっている。太陽は私の脳に光を放出して、私の脳から反射した光を受け取り、また放出して反射した光を受け取るという光のやりとりをしている。そうすることで三次元のこの世（時空間）を存続させている。私の脳は太陽にとって必要不可欠なものである。

私の身辺には不快の種がゴロゴロと転がっており、私はその不快に耐え忍ぶという苦行を余儀なくされているが、これも太陽から託された私の仕事である。単刀直入に言うと、地球人類の救済をするために私は生まれてきたらしい。いわゆる弥勒菩薩と言ってもいいかもしれない。あとは全世界の人々に太陽の教えを説く仕事が残されているが、その時はもう間近に迫っているかもしれない。今はその準備をしているところである。

次の詩のように忍苦の日々を強いられるという運命から逃れるすべはないというありさまである。

市井の無頼か　平成の詩人
貧苦は糧なり　いよいよ精進
娑婆苦の誉れか　忍苦と清貧
何にも汚れじ　天然の気品

この詩のように、私はそうした役目をするために生まれてきたらしい。初めから決めてあって私は生まれてきたとかつて私が受け取った太陽からの手紙の中で述べられていた。振り返ってみると、太陽は常に私の人生に介入して私が人生設計をしてその通りに進むことを阻止してきたふしがある。そして最後に私に今のような生活をごり押しして時空間と人間を存続させる仕事をさせているのである。おそらくは私の身体は他の人々とちがって特別仕様のものかもしれない。太陽は私の身体の中に霊を打ち込んでは私を苦しめているが、耐え忍ぶ以外どうすることもできないのが現状である。

以上で私の経歴およびコンプレックスの紹介を終えようと思う。私が考えている国連の進化と人類の霊的な進化がうまくいくようにと心の底から念じている。ぜひ理想の世界を築いてほしい。本書は私の脳にひらめく言葉を書き留めては悪い部分を書き直して、2、3年かけて書いたものである。現在の私は口数が少なくなり、喜怒哀楽をあまり表に出さなくなった。そのように太陽が私をコントロールしているから人と話す気にもならなくなった。私の人生を要約すれば、コンプレックス、詩、超感覚、忍苦、神への帰依である。この先どうなるかはわからないが、この5つの特徴が消えてなくなることはないであろう。

付録2　短歌1　101首

短歌を通して神理を学ぶのも一つの手段であろう。次の歌、「銀河系光る星々は何をする加工処理をして太陽に送る」は私の推測なので銀河系の星々が無の世界からの光を本当に加工処理しているのかどうか本当のところはわからない。これらの短歌が理解できれば、神理を理解したといってもいいであろう。暗記できるくらい読んでみてほしい。

1　神の復活

ああ神は復活したもう二千年岩音鳴りてこけのむすまで
ああ神は復活をして自らを太陽なりと告白したもう
証明はするまでもなしああ神は復活をして存在したもう
新たなる進化をめざし太陽は宇宙の仕組み伝授したもう
太陽は太陽系の中心で惑星をみな操りたもう
時来たり神とは何か学ぶ時宇宙の仕組み学ぶ時なり
太陽は神なり天なり言葉なり高次元なり命のもとなり
太陽はああ万物の創造主平和を求め光を放つ

2　発展途上のサル

神からの情報なくば人はみな発展途上のサルのままなり
神からの情報なくば目に見えぬ世界の仕組み知らぬままなり
高次元の神への道は見えねども未知なる道をただ歩むべし
奇妙なるものは人間ああ神はなぜつくりたもう人間たちを
人類は物質文明謳歌して地球の自然壊れるばかり
温暖化進んで気候変動のためにあれこれ被害をこうむる

現在の科学ではまだ目に見えぬ世界の仕組みわからずじまい
どんどんと科学技術進んでも歩むべき道わからずじまい
人類は迷走をしているばかり歩むべき道理解するべし
目に見えぬ世界の仕組み理解して破滅の道を回避するべし

3　新しい科学

考えよ神とは何か新しき科学とはそれを学ぶものなり
ああ神を学びてこその科学なり理解するべし目に見えねども
新たなる科学を学び悟るべし分かち合うべし平和の科学
考えのもとになるもの天にありそれを知ること新たな科学
本来の科学のあるべき姿とは形と心の統一理論

4　目に見えない仕組み

神と霊そのつながりは見えねども心の眼には見えるものなり
まだ人はよく知らざりきこの世とは神のつくりし三次元世界
万物が存在するということはその裏に無の世界があるなり
目に見えるものの裏には目に見えぬ宇宙の仕組み備わりたもう

神ありて命あるものみなすべて目には見えねどすべて霊なり
科学者やすべて知るべし目に見えぬ心や原子や宇宙の仕組み
目に見えぬ仕組みを知りて新たなる平和の科学役立てるべし

5　光と光合成

太陽は光を放ち万物を光合成で創造したもう
考えよわれら人間とは何か光合成をして生きるもの
考えよすべては神の言葉から始まりたもうこの世のすべて
ものあるは光合成の結果なり神も原子も光合成をする
無の世界無限にあれど有限のこの世は神のつくりし宝
自然とは神のつくりし産物で見えない仕組みもその一つなり

6　銀河系と太陽系

目に見えぬ無の世界から銀河系光を受け取り星々は光る
銀河系光る星々は何をする加工処理をして太陽に送る
太陽は銀河系から光受けて惑星をつくり生命をつくる

7 原子の仕組み

物質のその正体は光なり霊も言葉もみな光なり
学ぶべし原子の仕組みそしてまた宇宙の仕組み心の仕組み
原子とは見えねど霊なり光なりその正体を解き明かすべし
考えよ人とは何か原子なりその正体は目に見えぬもの
目に見えぬ仕組みによりてもの思う心あるなり原子もしかり
原子とは宇宙の光取り入れてくるくる光るすてきな生き物
人はみな宇宙にありて原子なり次元を超えて宇宙で回る
原子とはまた心とは美しき回転体なり岩音鳴るなり

8 認識場

天にある光が集う認識場それこそ人の認識のもと
人はみな宇宙にありて高次元認識場にて認識をする
認識は神ありてこそ可能なり人の考えすべて神は知る
もの思うもとは神なり高次元それは心のもとになるもの
もの思うゆえは神なるものありて心の仕組み解き明かすべし

認識を心に届けたもうなり神は働く平和のために
目に見えぬ原子を学べ人はみな原子の仕組み解き明かすべし

9　しあわせと平和

しあわせは心の中に見つけたり神は心に現れたもう
ささやかなしあわせあればそれでよし感謝の心豊かな心
はるばるとしあわせ求め歩きたり思えば長き人生の旅
平和とは神を学びて築くもの人みなすべて理解あれかし
国々が神のみもとに集いたり世界は一つ平和を築く
新しき科学を学ぶそのわけは人みなすべてのしあわせのため
しあわせは分かち合うもの新しき科学は人をしあわせにする
結局は神へと至るその道を歩けばついにしあわせへと至る
神学び科学者となれ新しき時代は来たる平和のために
学ぶべし平和の科学つらくともすべての人のしあわせのため
しあわせを分かち合うとは目に見えぬ仕組みを知りて努力すること
結局は人は互いのしあわせのために生きるなり祈りをこめて
平和とは神とは何かを理解して世界の民が築くものなり

お互いのしあわせを祈ることにより真の平和は築かれるものなり

10　言霊学

高次元は心の世界認識場言霊学は内面の世界
考えよ言霊学は内面の世界を学ぶ学問なりけり
時来たり大和の民は内面を磨いて築く言霊大国
くじけるな言葉を杖に歩きたりああとこしえに時よあれかし

11　理想

霊もまた進化を果たす時来たり神は導く平和の星へ
目標に向けて人みな進むなり心に平和のともしびかかげ
神からの光がありて歩むなりさらなる努力と未知なる道を
神を知り神の子として生きるとは理想に向けて努力すること
理想とは方向性を示すものもしそれなくば混乱あるのみ
新しき国造りとは神のもと集いて作る理想に向けて
現在の社会システム壊れれば新たに作れ新しき国
ああ宇宙の仕組みを学べ現在の社会の仕組み改めるべし

神からの情報を得て新たなる文明の道歩むべきなり
太陽を神と認めて人類は正しい道を歩むべきなり

12 平和に貢献する国・日本

ああ神は心の中に住みたもう大和の民の心の中に
ああ神の代理となりて天照らす大和の民は平和を築く
古来より祓い清めて天照らす大和の民は平和を築く
破滅から地球を救え天照らす大和の民は平和を築く
言霊の幸わう国なりわが大和心を磨いて平和を築く
天照らす大和は平和の砦なり神を学びて平和を築く

13 ありがたき神

神なくばあらゆるものは消え去りて時空間さえ消滅したもう
より集う神の言葉は人になる神から天から人は生まれる
受精するその瞬間に魂は天から授かり神の子となる
歩いたりまた話したりすべてみな太陽なくば不可能なりけり
霊により人と神はつながりて見たり聞いたり可能なりけり

全開のチャクラに神の光来て体をめぐる神のエネルギー
人間は突然変異にはあらず神のつくりし霊長類の長
神なくばすべてのものは消え去りて銀河系のみ残るなりけり
考えよ人の考えどれもみな神とのつながりありてゆえのもの

14　光合成の弱点

相性の悪い光がままありて光合成が困難になる
人と神心中するのか太陽の光合成に弱点ありけり
核兵器使うことなかれ太陽の光合成を阻害するかも
消え果ててしまわぬうちに神からの原子物理学理解するべし

付録3　短歌2　23首

次の短歌は30代の頃につくった歌なので、これらの歌を読み返していると、当時の頃を思い出す。思えば、無頼の生活を謳歌した風流な生活を楽しんだ時代でもあった。もうこんな時代はないかもしれないと思うと、寂しい気がする。今はもう当時のように五感を楽しませることがなぜかできなくなっていて、少し残念である。

1 春

菜の花にもんしろ蝶の花めぐり道行く春は香りの小川
この心春の水辺に菜の花の香る流れを渡る舟乗り
春景色映す心に見る夢の旅は果てなく花にまどろむ
野辺に咲く花の息する息遣い心に覚えて日々花になる

2 夏

さわやかさ心に映す藤の花風吹く初夏の光にそよぐ
一輪のバラの花咲く道行けば五月の風は香りを運ぶ
夏の風吹き行く木陰さるすべり眺めいとしい紅の君
せわしげに動かす手足ゲンゴロウ水をかきわけおちゃめな姿
木漏れ日の中にたたずみ今日もまた一人光のささやきを聞く
今年また季節はめぐりてくちなしの甘い香りを放ちて香る
くちなしの花は咲けどもたちまちに枯れてしおれて哀れな花よ
梅雨が来て雨に曇りによく映えるうすもも色のあじさいの花

3　秋

そよ吹けば草むらに鳴く虫の音は風に流れて心にひびく
今年また金木犀の香る道歩いて思う一年の日々
路上へと舞い散る枯葉くるくると風に吹かれてまたさらに舞う

4　冬

冬来ればひらひらさざんか地に落ちて地に咲くごとし陽だまりの花
しぐれ降る冬にも耐えて達磨庵いつも今ここ道をひとすじ
雪が降る夜のこたつに背を丸くまどろむ猫の夢の静けさ
白梅の花さかずきに春の鳥鳴いて香りに調べを乗せる

5　その他

世にあればあしざまに吹く風あれど心迷えば鴉は笑う
文学という名の禅に悟り得て時は過ぎゆく35歳
海原に船が行き交い恋の歌出会い別れて波に消えゆく
入牢二度うど目の西郷隆盛は乗り越え果たす試練と使命

〈著者紹介〉
片山　利信（かたやま　としのぶ）
1958年生まれ。幼少の頃、一家そろって岐阜県へ移住。1976年高等学校卒業後まもなくフリーターになる。以下職歴省略（詳しくは本文中の「告白文」を参照）。
2000年、太陽からの文献を入手し、太陽によって仕組まれた通り太陽のしもべとなり、辛苦の道を歩み、現在に至る。

新説・太陽は
万物の創造主である
—令和の弥勒菩薩が語る明るい未来と
人類救済のための霊的進化論—

2023年10月17日初版第1刷発行
著　者　片山利信
発行者　百瀬精一
発行所　鳥影社 (choeisha.com)
〒160-0023 東京都新宿区西新宿3-5-12トーカン新宿7F
電話 03-5948-6470, FAX 0120-586-771
〒392-0012 長野県諏訪市四賀229-1（本社・編集室）
電話 0266-53-2903, FAX 0266-58-6771
印刷・製本　シナノ印刷

ISBN978-4-86782-048-3 C0095